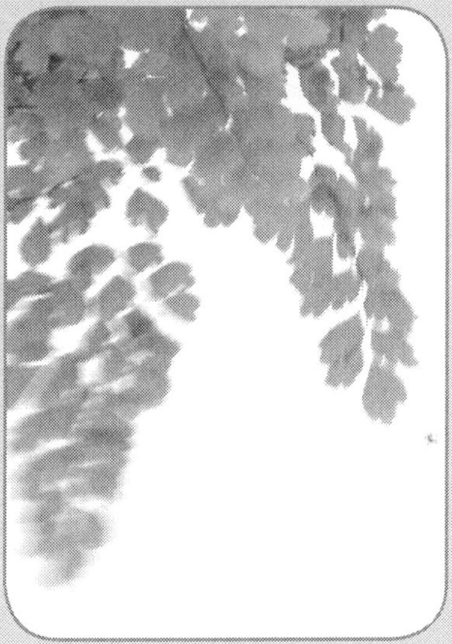

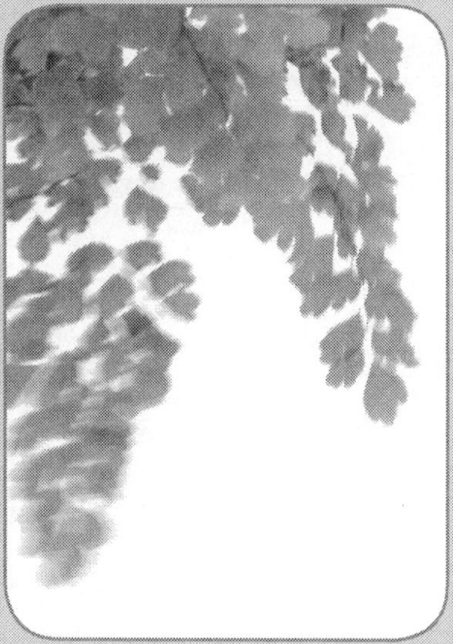

本性難移

給大忙人的九型人格讀心術

閆晗——著

九型人格是一門關於性格的精深學問，

它是認識自我和識別他人的工具。

它會告訴你，如何使自己的人格優勢發揮到極致，

又如何能讓自己規避不良性格帶來的糟糕局面。

前 言

那些在我們眼前晃動的斑斕、璀璨、淡雅的色彩，在愉悅眼睛的同時，也帶給我們歡欣、沉鬱、喜悅、低落。那些每天從我們身邊走過或與我們朝夕相處的人，他們都有著各自的人格和心理活動。

如果說色彩和九型人格是生活中的潮流色，那麼心理學就是我們的經典色，當把它們調和在一起的時候，就成為人們在當下清醒地讀懂自我、看懂他人的三件法寶。

第一件，色彩。

在這一部分，本書從色彩帶給我們的身心快感、色彩與健康的關聯、色彩賦予男女情愛的基調，以及人脈職場諸多方面切入，從穿著打扮、心情調適、家庭理財等細節的梳理中，揭示色彩對我們生活的切實影響。

第二件，九型人格。

「江山易改，本性難移」，人格如同一雙隱形的槳，雖然摸不著、看不到，但左右著我們的命運之舟。在這一部分，你會看到為什麼有人愛猜忌，有人愛嘮叨，有人容易悲傷沮喪，有人容易事事拋腦後。它會告訴你，如何使自己的人格優勢發揮到極致，又如何能讓自己規避不良性格帶來的糟糕局面。

第三件，心理學。

你也許會問：心理學是讀心術嗎？現在社會上那麼多見死不救的，這跟人們的心理有何關係？不要著急，當你看到對此的解讀後，你就能輕鬆找到答案，明白其中的原因。當然，其他繁雜社會事件當中，同樣有著心理學的身影。心理學猶如燭光一點，讓你透過現象看本質，讓你知曉事物的根源，掌握應對的方法。

色彩學、九型人格是對生活表相的分析，而心理學是在生活表相的基礎上，透視更爲深層的內因——我們如何受到色彩的影響，如何揭開人們的性情面紗而認清其眞面目。心理學不僅是爲了讓讀者掌握更多的知識，也是對色彩和九型人格內容的映照。

生活難免一葉障目，我們未必事事皆明，故而探尋一種清晰而確切的心理認知，就顯得尤爲重要。期待這本書能讓讀者從中享受讀人、識人、體驗生活、感知社會的暢然快感。

給大忙人的
九型人格讀心術
CONTENTS

目錄

二、揭開九型人格的面紗

三、九型人格的代表人物

給大忙人的

九型人格讀心術

CONTENTS

五、九型人格的情緒操控

給大忙人的
九型人格讀心術
CONTENTS

八、九型婚戀書

給大忙人的

九型人格讀心術

CONTENTS

九、親子九型課

十、九型人脈圈

十一、九型工作坊

給大忙人的
九型人格讀心術
CONTENTS

十三、人格財富經

Part 1

神祕的九型人格

俗云：「一樣米養百樣人。」性格千差萬別，有些人喜歡炫耀，有些人非常低調；有些人喜歡熱鬧，有些人喜歡獨處；有些人敏感多疑，有些人不拘小節。你知道其中的奧祕嗎？九型人格是一門關於性格的精深學問，它是認識自我和識別他人的工具。那麼，何謂九型人格？九型人格具體指哪些性格？它有什麼作用？本章將一一講述說明。

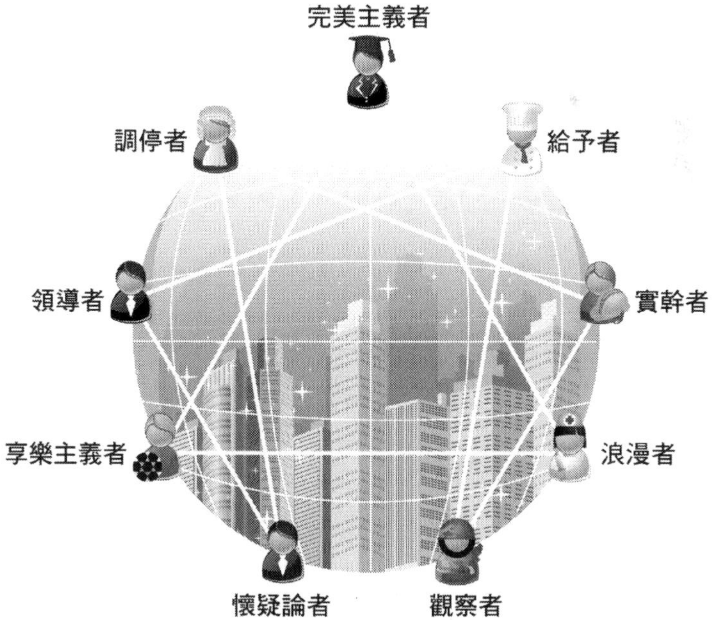

人格與性格的微妙差異

愛因斯坦說：「一個人智力上的成就，很大程度上取決於人格的偉大，這一點往往超出人們通常的認識。」那麼，什麼是人格呢？

一般說來，人格指一個人在社會化過程中，形成和發展的思想、情感以及行爲的特有統合模式，這個模式包括了個體獨具的、有別於他人的各種特質或特點的總體。概括地講，人格是指人的整體精神面貌，如氣質、能力、性格、理想、信念、人生觀等。

人格並不是一朝一夕形成的，但一經形成就比較穩定，並且貫穿一個人的全部精神面貌和行動之中。因此，個體一時性的偶然表現，不能認爲是他的人格特徵，只有經常性、習慣性的表現，才是眞正的人格特徵。人格雖穩定，但不是一成不變的，它也會隨著現實的多樣性和多變性，或多或少地發生變化。

人格與我們平常所說的性格相似，但略有不同。性格，指個體對現實的態度和行爲方式習慣化的結果。個體對現實的態度，就是對自己、對他人、對集體、對社會的看法和評價。人們生活在社會中，不可能不對各種事物產生自己的看法、做出一定的選擇、採取一定的行爲方式，這個過程就是性格的體現。例如，「守株待兔」反映一個人懶惰、迂腐的性格特點，「孔融讓梨」反映了謙讓的性格特點。

在心理學上，性格的定義幾乎與人格相同，事實上它們是有區別的。性格是人格的重要組成部分，它是人格中涉及社會評價的那一部分，可以說，性格是人格社會屬性的體現。

古希臘德爾菲神廟上，鐫刻著哲學家蘇格拉底的名言：「認識你自己。」這句格言提醒人們，要去探索自我與實現自我。人們在自然和社會尋求發展的同時，不斷反求諸己、反躬自問，探索著行為與人性、人格的關係，以求更充分地掌握自己的人生。

九型人格源於古老的蘇菲教

九型人格，又稱性格形態學、九種性格，近年來備受美國史丹佛大學等名校推崇，成爲現今最熱門的課程之一，幾十年來，風行歐美學術界及工商界。

九型人格與其他人格分類法相似，是解讀、研究人格的一種方法，是應用心理學的一個分支。其起源和形成經過已不可考，但是研究者一致認爲，它的發展非常早，可能要追溯到西元前二千五百年或者更早。

當時，蘇菲教有個長者，因爲他善於開導人們，爲別人排憂解難，所以被稱爲靈性教師。靈性教師經常和他的弟子在一起探討學問。頻繁的接觸，使靈性教師發現，不同的弟子有不同的表現，例如，有的人十分邋遢，有的人卻很在意穿著打扮；有的人喜歡靜靜地思索問題，有的人卻喜歡和別人交談、辯論；有的人急於知道某個問題的答案，有的人卻很享受靈性教師分析問題的過程……。

爲什麼不同的弟子會有不同的表現呢？靈性教師對此產生濃厚興趣。於是，他著手對人的各種表現，加以分析、總結，將有同一性格特徵的人歸爲一類，區分九類。後來經過更多的調查研究，靈性教師發現，生活中的每個人都離不開這九種類型，於是最初的「九型人格」便誕生了。

這項「發明」只有蘇菲教派的靈性教師知道，用以開啓教眾的靈性，而且數千年來一直都是以祕密的方式流傳。它的神奇之處不僅僅在於，每個前去請求靈性教師解決困擾的人，都能得到非常滿意的解答，還在於即使是相同的問題，每個人獲得的解答都不同。

一九二〇年，俄國人古爾捷耶夫，首先將九型人格學說帶入西方，用它來闡釋人類的九種特質。眞正將這套學說發揚光大的，是艾瑞卡學院的創辦人奧斯卡．伊察索。

奧斯卡．伊察索表示，九型人格學說是一九五〇年代，他在阿富汗旅行時，從蘇菲教派習得。他將人類的九種欲望，放進九型人格學說中，並將這套學說拿來作爲人類心理訓練的教材。許多知名的心理學家、精神病學家，都曾追隨伊察索學習九型人格學。其中知名的精神病學家克勞狄．亞納朗荷，在智利學成後，便將這門知識傳入美國加州，開設起一系列的工作坊，探索人的性格形態。後來，九型人格由美國加州史丹佛大學發揚光大，傳到中國。

九型人格揭示了世界上有九種不同類型的人，九型裡沒有好、壞之分，只反映一個人主觀看世界的方式。

九種性格的寓意與精神

在遙遠的太空某處，一艘太空船四處漫遊，穿梭宇宙星際，希望探測到適宜人居的星球。某天，太空船發現太陽系的某個星球，偵測到它有水、泥土、樹木、動物，足以形成生態圈。船長決定派遣船員作先行部隊，就地深入勘察。然而，該派誰去呢？

領袖8號

船長打開一幅關於船員的九種性格地圖，發現8號的人生使命，是保護、帶領，特質是無懼、有謀略、目光長遠、懂得保護身邊人，會設法解決困難，有力量、有衝勁去克服問題。要披荊斬棘做先鋒，建立長遠目標，他們是最佳人選。

於是，船長派遣了一群8號來到星球上，先建立一個據點，爲逐步發展鋪路。8號盡責地策劃了很多方案、目標，不過由於工程浩大、工作繁多，8號無法一一應付，便向船長請求派一些人來幫忙。

宰相2號

船長再度打開船員的九種性格地圖，發現2號的人生使命，是成就他人，盡力協助他人成功，最適合做支援工作，於是便派遣2號去支援8號。不過，問題依然存在，8號執著於長遠目標，難以兼顧細節；2號擅於支援、策劃，但僅聽令辦事，主動性不足，迫使船長再考慮加派人手去協助。

忠臣6號

打開船員的九種性格地圖，船長發現6號是團隊型的人，團結、忠心、安全，最適合作士兵，於是派遣他們前去。此時，國家體系已初步成型，有皇帝（8號）、宰相（2號）、士兵（6號）。不過，6號太重視安全，遇到危險就退縮，8號認為需要增派將軍來帶領士兵。

勇士3號

3號正是將軍的人選。他們的人生使命，是達到一個目標後，再邁向下一個目標。3號喜歡成就感，勇字當頭，不怕挫折，不受情感羈絆。他們決定去做一件事時，無人可擋。3號來到星球上，執行8號的策略，帶領6號向前衝，在星球上開疆闢土，勢力急速擴大。不過，3號爲求使命必達，甚至不惜犧牲士兵，引發怨聲載道。於是，8號又要求太空船派人支援，以制約各方，取得平衡，串聯各種發展上的環節。

謀士5號

船長這次派來的是5號。他們理性，不衝動，人生使命是收集資料進行分析。他們一抵達星球，就搜集了所有問題的資料，逐一研究，建議解決方案，建立通盤完備的拓展藍圖。有了藍圖，3號便可以根據規劃，帶領6號去衝鋒；而探索新大陸、修橋築路等工作，也變得更安全。果然，有了5號的規劃，工作變得順利很多，美中不足的是：3號有時爲了急於求成，會不顧一切，不肯依5號的規劃方法，按部就班落實，結果造成成效不彰，時有遺漏或品質欠佳。

監工1號

爲了提高品質，船長派1號去做監督，確保所有人按照標準執行，因爲1號的人生使命，正是跟從標準、原則。由於1號很有判斷力，明辨是非黑白，頗收監管之效，團隊運作開始順暢。

不久之後，待在星球上的人，又覺得有所缺乏。因爲平日只有工作，沒有娛樂，只有秩序，缺乏活力。這次，太空船派了7號前來。

藝人7號

7號的人生使命，是創造可能性，最怕悶，怕不開心。爲了常保開心，他們會致力娛樂自己、娛樂他人，設法帶給每個人歡笑和享受。有了7號，星球開始變得熱鬧，吃喝玩樂樣樣不缺。

詩人4號

擁有高度智慧和深度的人類，並不樂見待在星球上的同類，在吃喝玩樂中排遣無聊，更擔心大家只顧向外發展，忽略了心靈成長。太空船長於是派遣4號去星球。4號的人生使命，是跟著感覺走，他們會創作歌曲、詩歌、雕塑、藝術品、畫畫，透視人的內心感受，帶動所有人重回靈性美好的懷抱。

和平使者9號

至此，星球一應俱全，但人太多，紛爭、衝突不時出現。為了維持和平，船長把最後一種人（9號）派遣到星球上。9號的人生使命，是維持和諧，他們本身沒有野心，擅長調解紛爭、化解衝突，能夠維持和平，打造凝聚力。

當九種人同時在星球上共存時，一個完整、相輔相成的團體誕生了！這九種人共同合作、互相制衡，堪稱夢幻組合。這個星球，就叫做地球。

這個故事要傳達的是：人類本是很完美的團隊，雖然人與人各有不同，但每種性格都有其貢獻、任務以及重要性，缺一不可。沒有哪一種性格比其他性格好，也沒有哪一種性格比其他性格差。這是九種性格學最重要的精神。

為什麼九型人格風靡全球

九型人格好比顯微鏡，把不容易觀察的事物放大，好讓看得清楚透徹。它是我們瞭解自己、認識和理解他人的一把金鑰匙，是與人溝通、有效交流的利器。

在工作、交往、戀愛、教育孩子等活動中，掌握一些九型人格的知識，會收到事半功倍的效果。

1.自我成長：透過九型人格，認識自己的個性優勢，學習如何跳出性格的局限，從而獲得更加美滿快樂的人生。

2.夫妻相處：掌握九型人格，他（她）就會知道伴侶是哪一類型的人，就能理解對方的想法、行事，學會以新的角度欣賞彼此。

3.親子教育：研究和發現孩子的個性特質，運用九型人格，幫助孩子朝著順勢而為的方向發展，開發孩子的潛能。

4.人際關係：利用九型人格分析身邊的人，例如，愛佔便宜的人、吃軟不吃硬的人、始終以冷面孔相待的人等，瞭解他們產生這些行為的原因，往來時不僅能避免誤會，還能找到相應的互動方式。

5.生涯發展：透過運用九型人格，就會知道以自己的個性特質，從事什麼職業最有發展，還有如何跳出性格框架，突破事業瓶頸。

6.識人用才：九型人格幫你練就一雙慧眼，挑選精兵良將。在選拔人才方面，能力固然重要，但良好的性格，有助於凝聚團體之力，爲公司創造更多利潤；在用人方面，從對方的個性特質分析，安排他做相應的工作，得以發揮所長；挽留辭職的人時，或以薪酬留任，或曉之以理、動之以情，根據個人特質採取不同措施，這樣，就能人盡其才，知人善用。

7.經營管理：身爲團隊的領袖，能掌握成員的才能和特色，選擇適當的管理方式，爲組織運作加分。

8.運籌帷幄：知道自己屬於九型人格的哪一類，就會知道該如何截長補短、舉一反三，做出客觀全面的決定。

九型人格不僅對個人有益，很多企業和機構，如惠普電腦、可口可樂、諾基亞、美國中央情報局等單位亦廣泛應用。全球五百大企業的管理階層，都很重視研習九型人格，並以此培訓員工，藉以提高團隊績效、促進溝通、提升領導力、增強執行力等多方面的綜合能力。

以上內容只是九型人格應用的一部分。主動運用九型人格，練習解決身邊的問題，將會發現意想不到的神奇效果。

九型人格的特點何在

九型人格的特點，正在於它太好用了！爲什麼這麼說呢？因爲：

1.九型人格提供了一個眞實、具有深度又層次分明的地圖，幫助你瞭解自己和他人。九型人格帶領我們研究行爲背後的出發點，也就是行爲的動機和注意力的焦點，當你知道每個性格的背後，都有對世界不同看法的和體驗，當你知曉他們的所思所感，便可以有更多的包容，可以互相諒解。

2.九型人格提供了多種有效的、即時可以驗證的方法，協助你成長，這些方法亦可廣泛運用在商場、職場、家庭以及人際關係等方面。

3.九型人格的一個重點，是喚醒自我認知、自我學習的能力。當這種能力成爲你的習慣後，你便踏上了知己知彼的第一步。

4.認識九型人格，可以幫助你瞭解自己的局限，從而全面提升自己。

由此可知，九型人格能提供許多參考資訊和建議，要注意的是，我們除了運用九型人格的知識，分析他人、瞭解他人，更要先瞭解自己、反省自身。

一個對九型人格感興趣的人，或是充分掌握九型人格知識的人，並不意味著一定有開明的思想觀念，也不一定會尊重別人。運用九型人的前提，便是反求諸己。

性格不好，可以改變嗎

有的人常常抱怨：「爲什麼我這麼懦弱？我討厭我的性格！」如果自己都不喜歡自己，不願接納自己，是多麼可怕的事情啊！一個不喜歡自己的人一定會自卑，而成功是不屬於自卑者的。

十九世紀末，一個男孩誕生在布拉格一個貧窮的猶太家庭裡。男孩一天天長大，他十分內向、懦弱，也非常敏感多慮，總是覺得周圍的環境充滿壓迫和威脅。

男孩的父親努力想把他培養成男子漢，希望兒子有氣魄、有擔當、剛毅勇敢。在父親粗暴、嚴厲的管教下，男孩反而更加懦弱自卑，徹底失去了自信。他因不被認同而受傷，在惶惑痛苦中長大。

這樣的孩子實在太沒有出息了，他能去衝鋒陷陣嗎？不可能。仗還沒打，他就逃之夭夭了。讓他從政？要從各種紛雜勢力的矛盾衝突中，找出各得其所、不損及任一方利益的解決方法，對優柔寡斷的人來說太過困難。他也做不了律師，懦弱內向的他，如何在法庭上跟人唇槍舌戰？如果當醫生，則會因太多的猶豫顧慮而不能果斷行事，危在旦夕的生命，極可能就在他的猶豫延宕中造成遺憾。

看來，懦弱、內向的性格，確實不利於生存，即使想要改變也改變不了。然而，你知道這個男孩後來的發展嗎？他成了著名文學家，他是卡夫卡。

爲什麼會這樣呢？原因很簡單，關鍵在於，卡夫卡找到了適合自己穿的鞋，找到了上帝爲他的性格安排的職業。

性格內向、懦弱的人，他們的內心世界其實很豐富，他們能敏銳地感受到別人感受不到的東西。他們雖是外部世界的懦夫，卻是精神世界的國王。這種性格的人，如果選擇當軍人、政客、律師，那麼他就選擇了做懦夫；但是如果他選擇了精神的領域，那麼，他就選擇了做國王。卡夫卡正是選擇了後者，在文學創作的領域縱橫馳騁，寫出《變形記》、《判決》、《鄉村醫生》、《地洞》等傳世巨著。卡夫卡的文筆明淨，想像奇詭，以對生活的巨大洞察力爲後盾，而表現形式之怪誕，更展現其藝術獨創性的高度價值，二十世紀各個寫作流派紛紛追其爲先驅。卡夫卡直到四十一歲死於肺結核時，才終止創作。

看了這個故事，你還在爲自己的性格煩惱嗎？你還在試圖改變自己的性格嗎？千萬別這樣做，因爲「江山易改，本性難移」，想改變一個人的性格，比移動一座大山還難。而且性格並無好壞之分，就像一個畏首畏尾、做事放不開手腳的人，性格一定很謹慎；一個不會三思而後行、行爲魯莽的人，一定具有勇敢的因子；一個我行我素、不拘小節的人，性格一定很豪放。所以說，每一種性格都能成功，關鍵在於自己能否準確識別，並全力發揮自己性格的優勢與天賦，找到能發揮自身長才的道路，並堅持下去。

暫時沒有成功的人，就像少年時的卡夫卡，僅是因爲尚未找到合適的位置，還沒有充分發揮自己的性格強項。所以，千萬不要討厭自己的性格，只要往性格的優勢方向發展，無須改變，只要改善，相信性格不會阻擋成功的到來。

什麼是健康人格

健康人格，是指各種良好人格特徵在個體身上的集中體現。一些心理學家根據他們的臨床經驗和理論研究，從各方面歸納健康人格的特徵。下面，就讓我們來看看他們的描述。

美國心理學家羅傑斯表示，具有健康人格的人，是能夠表現眞實的自我，充分發揮的人。他們一般具有五大特徵：

1.面對自己和世界不膽怯、不防禦，他們坦然、開放，又準備體驗一切感受和經驗。

2.以充分自由、不帶任何框框的態度，看待並體驗生活，不斷接受各種新經驗的影響。生活中具有很強的適應性、自發性和應變能力。

3.信任自己的感覺、直覺和經驗。

4.渴望駕馭自己的生活，體驗充分的自由感。

5.具有很高的創造力。

美國心理學家馬斯洛則認爲，具有健康人格的人，是能自我實現的人。這類人具有以下十三種特點：

1.可以準確地認識現實。

2.認同和接納自己和他人。
3.自發、坦率、眞實。
4.以問題爲中心的態度。
5.有獨處和自立的需要。
6.面對自然和社會環境，具有相對自主性。
7.高品味的鑒賞能力。
8.有神祕高峰的體驗；所謂高峰體驗，是指可使人體驗到強烈的狂喜和敬畏的情緒。
9.關心社會。
10.能與他人建立深厚的友誼。
11.民主的性格特徵。
12.有創造性。
13.堅持走自己的路，抗拒服從他人觀念、行爲和價值觀的壓力。

美國著名人格心理學家奧爾波特說，具有健康人格的人是成熟的人，並從他們身上歸納出七個特徵：

1.專注於某些活動，在這些活動中，是一個眞正的參與者。
2.愛父母、愛朋友。

3.有安全感。

4.能夠客觀地看待世界。

5.可以勝任自己所承擔的工作。

6.客觀地認識自己。

7.有堅定的價值觀和道德感。

此外，還有很多心理學家都發表過對健康人格模式的見解。我們用較通俗的語言，來表述健康人格的概念：能客觀地認識自己和外部世界；具有目標，又有節奏的工作和生活方式，不滿足於平淡的工作和生活，渴望挑戰和刺激，渴望新的目標和新的經歷；能給予愛，也能接受愛；不依賴他人，有獨立自主的意識；有良好的人際關係和社會適應能力；喜歡創造。

九型人格測試

老子說：「知人者智，自知者明。」一個能看透周圍人的人是「智」，一個能瞭解自己的人是「明」。

知己知彼，方能百戰百勝。我們先來進行九型人格的測試，藉此瞭解自身與身邊的他（她）。在進行試題之前，請注意以下幾點：

第一，一〇八道題要憑直覺選擇，不要過多權衡，因爲每種性格的背後，都有好有壞。如實地反應、記錄，只是爲了充分地瞭解你自己。

第二，在與你情況相符的題目旁做記號，並記錄相關題目後面的數字。

第三，將相同的數字歸爲一類，看看有多少個1，多少個2，多少個3……然後找出數量最多的數字，對照答案，便能瞭解自己是九型人格中的哪一種。

第四，數字最多的，只是你的主要性格，還要參照其他較多數字所對應的人格類型，以便獲得更詳細、更準確的資訊。

九型人格測試題：

1. 我很容易迷惑。→9
2. 我不想成爲一個喜歡批評的人，但很難做到。→1

3.我喜歡研究宇宙的道理、哲理。↓5

4.我很在意自己是否年輕，因爲那是找樂子的本錢。↓7

5.我喜歡獨立自主，一切都靠自己。↓8

6.當我有困難時，我會試著不讓人知道。↓2

7.被人誤解，對我而言，是一件十分痛苦的事。↓4

8.施比受會帶給我更大的滿足感。↓2

9.我常常設想最糟糕的結果，而使自己陷入苦惱中。↓6

10.我常常試探或考驗朋友、伴侶的忠誠。↓6

11.我看不起那些不像我一樣堅強的人，有時我會用種種方式羞辱他們。↓8

12.身體上的舒適對我非常重要。↓9

13.我能觸碰生活中的悲傷和不幸。↓4

14.別人不能完成他的分內事，會令我失望和憤怒。↓1

15.我時常拖延問題，不去解決。↓9

16.我喜歡戲劇性、多彩多姿的生活。↓7

17.我認爲自己非常不完美。↓4

18.我對感官的需求特別強烈，喜歡美食、服裝、身體的觸覺刺激，縱情享樂。↓7

19.當別人請教我一些問題，我會鉅細靡遺地分析、回應。↓5

20. 我習慣推薦自己，從不覺得難爲情。→3
21. 有時我會放縱和做出僭越的事。→7
22. 幫助不到別人會讓我覺得痛苦。→2
23. 我不喜歡人家問我廣泛、籠統的問題。→5
24. 在某方面我有放縱的傾向（如食物、藥物等）。→8
25. 我寧願適應別人，包括我的伴侶，而不會反抗他們。→9
26. 我最不喜歡的一件事就是虛僞。→6
27. 我知錯能改，但由於執著好強，周圍的人還是感覺到壓力。→8
28. 我常覺得很多事情都很好玩、很有趣，人生眞是快樂。→7
29. 我有時很欣賞自己具有權威，有時卻又優柔寡斷，依賴別人。→6
30. 我習慣付出多於接受。→2
31. 面對威脅時，我一是變得焦慮，一是對抗迎面而來的挑戰。→6
32. 我通常是等別人來接近我，而不是我去接近他們。→5
33. 我喜歡當主角，希望得到大家的注意。→3
34. 別人批評我，我也不會回應和辯解，因爲我不想發生任何爭執與衝突。→9
35. 我有時期待別人的指導，有時卻忽略別人的忠告，一逕去做我想做的事。→6
36. 我經常忘記自己的需要。→9

37. 在重大危機中，我通常能克服對自己的質疑和內心的焦慮。↓6
38. 我是一個天生的推銷員，說服別人對我來說，是一件輕而易舉的事。↓3
39. 我不相信一個我無法瞭解的人。↓9
40. 我愛依慣例行事，不大喜歡改變。↓8
41. 我很在乎家人，在家中表現得忠誠和包容。↓9
42. 我被動而優柔寡斷。↓5
43. 我很有包容力，彬彬有禮，但跟他人的情感互動不深。↓5
44. 我沉默寡言，好像不會關心別人似的。↓8
45. 當沉浸在工作，或我擅長的領域時，別人會覺得我冷酷無情。↓6
46. 我常常保持警覺。↓6
47. 我不喜歡對人盡義務的感覺。↓5
48. 如果不能完美地表態，我寧願不說。↓5
49. 我的計畫，比我實際完成的還要多。↓7
50. 我野心勃勃，喜歡挑戰和登上高峰的經驗。↓8
51. 我傾向於獨斷專行，並自己解決問題。↓5
52. 我很多時候感到被遺棄。↓4
53. 我常常表現得十分憂鬱的樣子，充滿痛苦而且內向。↓4

54.初見陌生人時，我會表現得很冷漠、高傲。↓4
55.我的面部表情嚴肅而生硬。↓1
56.我很飄忽，常常不知自己下一步想要什麼。↓4
57.我常對自己挑剔，期望不斷改善自己的缺點，以成爲一個完美的人。↓1
58.我經常懷疑那些總是很快樂的人。↓4
59.我做事有效率，也會找捷徑，模仿力特強。↓3
60.我講理、重實用。↓1
61.我有很強的創造天分和想像力，喜歡將事情重新整合。↓4
62.我不要求得到很多的注意力。↓9
63.我喜歡每件事都井然有序，但別人會認爲我過分執著。↓1
64.我渴望擁有完美的心靈伴侶。↓4
65.我常誇耀自己，對自己的能力十分自信。↓3
66.如果周遭的人行爲太過分時，我一定會讓他難堪。↓8
67.我外向、精力充沛，喜歡不斷追求成就，這使我的自我感覺良好。↓3
68.我是一位忠實的朋友和夥伴。↓6
69.我知道如何讓別人喜歡我。↓2
70.我很少看到別人的功勞和好處。↓3

71. 我很容易知道別人的功勞和好處。↓2
72. 我嫉妒心強，喜歡跟別人比較。↓3
73. 我對別人做的事，總是不放心，批評一番後，自己會動手再做。↓1
74. 別人會說我常戴著面具做人。↓3
75. 有時我會激怒對方，引來莫名其妙的吵架，其實是想試探對方愛不愛我。↓6
76. 我會極力保護我所愛的人。↓8
77. 我常常刻意保持興奮的情緒。↓3
78. 我只喜歡與有趣的人爲友，與寡言少語的人不對盤，即使他們看來很有深度。↓7
79. 我常往外跑，四處幫助別人。↓2
80. 有時我會爲求效率而犧牲完美和原則。↓3
81. 我似乎不太懂得幽默，沒有彈性。↓1
82. 我待人熱情而有耐性。↓2
83. 在人群中，我時常感到害羞和不安。↓5
84. 我喜歡效率，討厭拖泥帶水。↓8
85. 幫助別人達到快樂和成功，是我重要的成就。↓
86. 付出時，別人若不欣然接納，我便會產生挫折感。↓2
87. 我的肢體硬邦邦的，不習慣別人熱情的付出。↓1

88. 我對大部分的社交聚會不太有興趣，除非那是我熟識的和喜愛的人。↓5
89. 很多時候我會有強烈的寂寞感。↓2
90. 人們很樂意向我吐露他們所遭遇的問題。↓2
91. 我不但不會說甜言蜜語，而且別人會覺得我嘮叨不停。↓1
92. 我常擔心自由被剝奪，因此不愛做承諾。↓7
93. 我喜歡告訴別人我所做的事和所知的一切。↓3
94. 我很容易認同別人所做的事和所知的一切。↓9
95. 我要求光明正大，爲此不惜與人發生衝突。↓8
96. 我很有正義感，有時會支持不利的一方。↓8
97. 我注重小節，而效率不高。↓1
98. 我感到沮喪和麻木多於憤怒。↓9
99. 我不喜歡那些具侵略性，或過度情緒化的人。↓5
100. 我非常情緒化，一天的喜怒哀樂多變無常。↓4
101. 我不想讓別人知道我的感受與想法，除非我想表達。↓5
102. 我喜歡刺激和緊張的關係，而不是穩定和依賴的關係。↓1
103. 我很少用心去聽別人的心情，只喜歡說說俏皮話和笑話。↓7
104. 我是循規蹈矩的人，秩序對我十分重要。↓1

105. 我很難找到一種我眞正感到被愛的關係。↓4
106. 若要結束一段關係，我不是直接挑明，就是激怒他，讓他離開我。↓1
107. 我溫和平靜，不自誇，不愛與人競爭。↓9
108. 我有時善良可愛，有時又粗野暴躁，很難捉摸。↓9

記錄下你所得的數字：

「1」共有（　）個，對應完美主義者。
「2」共有（　）個，對應給予者。
「3」共有（　）個，對應實幹者。
「4」共有（　）個，對應浪漫者。
「5」共有（　）個，對應觀察者。
「6」共有（　）個，對應懷疑論者。
「7」共有（　）個，對應享樂主義者。
「8」共有（　）個，對應領導者。
「9」共有（　）個，對應調停者。

世界上最古老的性格研究

古希臘時期，人類就開始了對性格的關注和研究，亞里斯多德的大弟子德奧佛斯特，在《人的種種》一書中，對愚鈍、小氣、膽小、叛逆等常見的性格及典型行為，有生動的描述。

愚鈍的人就是——

「去找已經忙得焦頭爛額的人，要求和他談談心。」

「女朋友正生病發高燒，卻在她面前大唱情歌。」

「去喝喜酒，卻在宴會上大肆批評新娘的不是。」

「看到長途旅行回來、累得全身無力的朋友，卻邀他去運動。」

「朋友手上有一件事情，做也不是、不做也不是，正猶豫不決的時候，自己卻自告奮勇地表示想接此工作。」

他對小氣的人的描述更是淋漓盡致，讓人歎為觀止。

「請人喝酒，卻一直數對方喝了幾杯。」

「請別人幫忙買東西，即使花費很低，但一看到帳單，仍大皺眉頭。」

「天天跑去檢查自己和鄰居的土地劃分界線，是否有被移動。」

「請人吃烤肉，卻切成小塊，每次只端出一點點。」

「說要出去買食物，逛了半天，卻什麼都沒買回來。」

德奧佛斯特對於性格的各種描述，在詼諧幽默中，給人一種貼切、入木三分的感覺。

Part 2

揭開九型人格的面紗

古希臘德爾菲神廟上，鐫刻著哲學家蘇格拉底的名言：「認識你自己。」關於如何認識自己，近年來最為流行的方法，當屬九型人格測試。九型人格測試，來自美國史丹佛大學的科學研究，如今這門科學已經在國際上開始流行，並成為名列世界五百大的頂尖企業，用來安排員工職位的重要參考依據。本章即針對九型人格進行剖析，讓你知道自身有哪些優點，在哪些地方需要提升，以及如何提升。

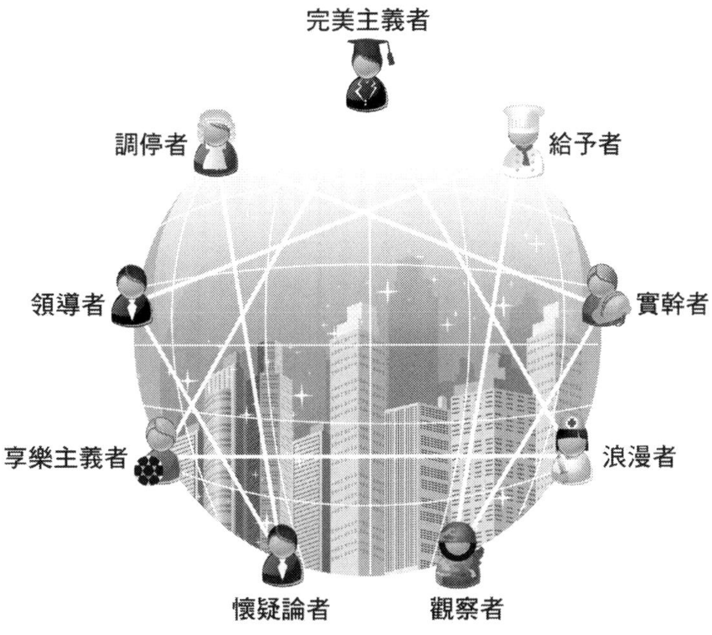

1號完美主義者：完美才是永恆的真理

完美主義者的表情總是很凝重，他們對待一頓飯的態度，就像對待一場外交一樣慎重。完美主義者總是希望得到別人的肯定，害怕出現任何差錯，他們對待工作和生活的態度，永遠是精益求精，追求至善至美。

在完美主義者看來，到處都是不合格和待改進的空間。一些嚴重強迫型的完美主義者，會把大量精力花在自我要求上：坐公車對他們來說，正是練習端正坐姿的絕佳機會；用午餐時，他們強迫自己必須一口咀嚼十下；閒遐時，他們也規定自己去做一些具有建設性或教育性的事情……。

性格亮點

1號一旦確認目標，就會全力投入，直至滿意方休。他們的內心總是渴望著把事情做好，並且願意爲盡善盡美而付出全部努力。

1號追求極致，也希望能夠影響他人去追求完美。他們會堅守原則，不會妥協和退步。爲了堅信做正確的事情，他們不惜做出自我犧牲。

雖然完美主義者比較挑剔、喜歡批評，但是只要其他人能夠承認錯誤，1號會耐心地給予幫助和引導。

局限和困擾

1號對生活和工作的各個層面，都有極高的要求，因此，當現實不能滿足他們的期待時，他們常常有失望、沮喪、失落的情緒。

1號容易注意到別人的失誤和過錯，時常擺出批評、教訓的態度，容易引起他人的不滿。

1號堅守高規格標準，眼裡容不下沙子，這使1號常被負面的情緒困擾。

因爲1號的嚴厲和苛責，致使人際關係一般不是很理想，很多人對1號敬而遠之。

提升方法

嘗試接受及包容自己的不完美。

放鬆自己，不刻意壓抑自己的感受。

做好自己，儘量不要以自己的標準要求別人。

學會什麼是「沒錯」。

不要當批評家，吹毛求疵。

寬待自己，包容別人。

活在當下，不要苛求百分百的正確。

多留心其他環境因素，別以爲自己的判斷等同於事實。

自己的是非觀念，不適合套用到每個人身上，多替別人想一想。

正向看待犯錯，錯誤會成爲寶貴的經驗值與智慧。

2號給予者：給予是人生最大的樂趣

這是一張討人喜歡的臉，也是一張溫暖人心的臉。他們的表情總是溫和而友善，他們的手像是隨時準備幫助別人。

從小到大，他們的使命是爲別人而活。小時候爲了得到父母的獎勵，他們做乖小孩；學生時代爲了讓老師讚賞，他們成了好學生；再後來，爲了伴侶的開心，他們總是想盡辦法討好對方。

他們忽略自己眞實的感受，總是盡力滿足別人的要求，不爲難任何人，除了他們自己。這樣的2號是有責任感的，因爲他們會選擇做應該做的事情，而非自己想做的事情。

性格亮點

2號積極熱心，能給人實質的幫助。2號的支持能給人帶來力量，化解困難。

在人際關係中，2號心細如髮，關注他人的感受，總是能帶來溫暖和感動。

2號的權力欲望不強，對於那些尋找權力的人，2號是一個有力的支持者。

局限和困擾

容易忘記、忽略自己，所以個人的時間和資源總是嚴重透支。

當他幫助了別人，卻得不到對方的回應時，他會很沮喪，同時他又會加大這種投入，以期待更多人的回應。

若沒有好的環境或好的制度，2號的利益是最容易受到損害的。

當上級分派工作時，他往往不太願意自己想，而更願意接受上級的指派。

提升方法

學會接受別人的讚美。

不要迎合對方。

讓別人自己解決問題。

清楚自己責任的界限，不必對別人的事情負責。

將對他人的關注轉向回到自己身上，問自己要些什麼。

學會獨處，思索自己的需要。

告訴別人自己需要什麼，而不是要求別人善解人意。

人人都需要關愛，當別人關心你的時候，懂得接受。

3號實幹者：我所做的每件事必須成功

對3號而言，實現目標是最重要的事。3號總是精力充沛，並且爭強好勝，喜歡接受挑戰。他們認爲自己的價值，就在於自己的成就，如果沒有成就，他們就毫無價值。因此，他們會全力追求目標，而且相信「天下無難事，只怕有心人」。

性格亮點

3號對於手頭的工作和未來的目標，總是充滿熱情。他們吃苦耐勞、盡心盡力，而且他們的努力，能夠帶動其他人投入，使之表現得更加出色。

他們活到老、學到老，總是能給自己找到目標，並且能在目標的激勵下奮力前進。

不論是對於自己，還是對於工作，3號都希望保持積極向上的正面形象。

局限和困擾

由於3號實現目標時比較注重成就，因此容易透支自己的精力、身體，甚至人際、家庭關係等，他人會產生被3號忽略的感覺。

喜歡親力親爲，重要的事自己做，不善於求助和利用團隊的力量。

爲了達到目標，他們往往會走捷徑，甚至有可能破壞規則。

當3號遇到一些經過努力卻仍然沒有得到解決的問題、困難時，會非常煩躁和沮喪，不能坦然面對失敗。

提升方法

不要事事親力親爲，有時讓別人去做。
在繁忙的生活中，抽出些時間與家人相處。
名利只是成功的象徵，不是人生的全部。
反省自己是否衝得太快。
學習關注情感和關係，不要過度集中於工作與成就。
及時體驗開心、歡樂和幸福。
不要利用新的工作或新的計畫，逃避自己該要面對的問題。
覺察自己的「虛假」，立即做出改變。
明白自己的力量有限，承認別人的價值。
明白失敗不是世界末日，而是邁向成功途中的驛站。

4號浪漫者：生活應當充滿浪漫的激情

4號是天生的藝術家，他們的表情最多變。高興的時候，他們放聲大笑；傷心的時候，也是號啕大哭，不懼怕別人的眼光。他們活得最自我，也最眞實，少見他們虛僞和做作。

儘管如此，他們的骨子裡總有一股憂鬱的氣息，讓人難以捉摸，又欲罷不能。

他們的想像力最豐富，也最適合在需要創意的氛圍中工作。工作中，他們最害怕的是，像1號完美主義者那樣的循規蹈矩，他們害怕束縛，對於他們來講，能夠充分發揮天才的工作才值得努力。他們不會勉強自己做不喜歡做的事情，他們只做得來自己感興趣的工作。自由和愛，是他們生活中的氧氣和水，缺一不可。

生活中的4號，可能是長不大的孩子，他們不喜歡現實生活中的種種虛假，因此常活在自己幻想的世界中。他們願意爲了讓伴侶開心，而把身上僅有的幾塊錢，拿去買一朵玫瑰，在他們看來，金錢生不帶來、死不帶去，唯有愛才是最寶貴的財富。

性格亮點

4號對於苦難，有一種與生俱來的熟悉感，他們特別適合與那些處於危難或悲傷的人一起工作。

他們有一種獨特的毅力，願意幫助他人走出激烈的情感創傷，而且願意長時間地陪伴在朋友身邊，幫助朋友療傷。

對深層意義的追求，常常會讓4號誤以爲，輕鬆快樂只不過是過眼雲煙，是無足輕重、不值得考慮的。

他們更願意去關注那些身處人生巨變中的人。他們覺得，只有這種生死感悟，才能讓他們擁有更眞實的感覺。

局限和困擾

找不到幸福的理由，時常感到無助和空虛。

孤僻、尖銳的個性，往往造成人際關係上的困擾。

神經極其敏感，情緒波動很大，愛走極端，自我折磨並折磨親密的人。

提升方法

開放自我，善用自己的創意。

養成善始善終的習慣。

把注意力放在未來的景況，不要受制於眼前的困難。

培養多樣興趣，結交各種朋友。

透過身體的運動練習來調節心情。

與其刻意追求快樂，不如坦然接受傷感。

5號觀察者：我需要私人空間來思考世界

5號不喜歡與人交往，寧願孤獨地面對整個世界。他們的臉上，永遠是一副深沉思考的表情，他們花在研究理論與事物上的時間，遠遠超過研究人的行爲與心理。

5號觀察者的性格沉穩，不輕易發表自己的言論，因爲他們對不確定的事物，總是抱著審愼的態度。他們希望自己的觀點，代表著客觀和公正。他們的性格內向，永遠保留自己的一片小天地，他們常常覺得沒有人瞭解他們。他們有著孤獨的、寂寞的、思想深刻的靈魂。

性格亮點

聰明、理性，分析能力強，見解深刻。

5號能夠去做自己感興趣的事情，不管有沒有人支持。

5號很理性，不容易動感情，即使在高壓下，仍然能保持冷靜的頭腦和清晰的思維。

局限和困擾

過於理性的5號，常常給人冷酷、冷漠的感覺。

孤僻、自閉的個性，有時會將5號置於孤立無援的境地。

用分析、推理的方法對感情求解，往往徒勞無功。

提升方法

不要太過吝嗇時間。

讓你身邊的人知道，你跟他們是同一陣線，你支持他們的目標，你願意幫忙。

學會活在當下，而非活在知識的海洋中。

檢視自己有沒有存心鄙視別人。

改掉「在別人講話時，卻在想自己要講什麼」這個不好的習慣。

主動表達自己的立場。

講出自己的想法，別人不能猜測或想像出你的想法。

參加一些鼓勵表達自己的活動。

容許自己去感受及體驗一下，身體的反應或情緒的波動。

多多接觸和努力投入情感，別人與你不一樣，他們更需要情感的交流。

6號懷疑論者：只有危機感強烈的人才能生存

在6號眼中，只有危機感強烈的人才能生存。所以，他們凡事做最大的努力，做最壞的打算，注意力總是放在那些不安全或者不可控制的事情上，對風險、潛在危機、不確定因素非常敏感，常常處於焦慮、擔憂的情緒中。他們總是怕出差錯，怕生是非，怕自己力不從心，怕人虛僞，怕事與願違。

6號所看到的世界，是充滿威脅和危機的，所有事物都難以預測、難以肯定。他們堅信「君子不立危牆之下」，凡事要謀定而後動，做什麼事情前，一定會儘量想清楚，計畫好，從而逃避、遠離，抑或是面對、衝破那份危險。

性格亮點

6號認同的是那些被壓迫者的事業，他們願意爲了一個理想，而付出忠誠、不求回報的努力。爲了履行自己對他人的責任和義務，他們願意自我犧牲。

6號能夠洞察深層的心理反應。他們願意爲了內心的追求，去冒險、去犧牲、去忍受痛苦。

6號盡忠職守，也忠於家庭，遵守紀律。

局限和困擾

因爲極端沒有安全感，總是懷疑危機的存在，使得神經過分緊張。

對危機的恐懼過於強烈，有時候讓6號產生逃避的心理。

做人太過謹慎，因此有時過分敏感。

做人循規蹈矩，不容許自己的言行有所偏差，也不喜歡人家不遵守遊戲規則行事。

提升方法

不要總是著眼在他人是否言行一致。

不要讓懷疑成爲阻絕別人幫助的絆腳石。

不要總是與他人劃清界限，不要總是詢問他人的立場。

不要用思維取代感覺和行動。

增加娛樂和運動，用開放的心看待世界。

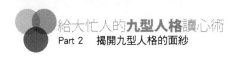

7號享樂主義者：活著就要及時行樂

對7號而言，最重要的事情是興趣和樂趣。他們興趣廣泛，多才多藝。7號是最會玩也最愛玩的人，他們十分看重新鮮的體驗。他們的內心沒有疆界，只要是好玩的東西，都能對他們產生吸引力。同時，7號也是非常聰明的人，頭腦敏銳，學習能力強，一旦發現他們感興趣的事物，總是能很快上手。例如，一個7號的人學跳舞，別人至少要一個星期才能找到舞感，7號也許一兩天，就能跳得有模有樣。但是由於他們非常活躍，所以注意力很容易被其他的事物吸引。也許舞還沒有跳幾天，7號又發現玩桌球很有趣，於是改玩桌球去了。7號興趣廣泛，懂的東西很多，但大都不精。

性格亮點

7號對那些創造性的事物永遠充滿興趣。他們喜歡幫助他人，爲他人帶來新的想法。在工作的初始階段，7號的作用尤其明顯。他們願意去嘗試，有很多新的想法。

7號樂觀，能帶動周圍人的積極情緒。

7號對於冒險的計畫，充滿了興趣和能量。

局限和困擾

善變，沒有毅力，注意力容易被吸引和分散。

執行力不強，無法將好的點子付諸實踐，使其產生價值。
適應力差，總是追求自由、樂趣，而對日常的工作感到乏味、排斥。

提升方法

考慮學習靜坐冥想，明白成長過程也有沉悶的一刻，接受這是人生的一部分。
練習完成一件事後，再開始另一件事。
學習接受批評及矛盾。
控制自己要解決問題的衝動。
不要小看那些比自己差的人，或自以爲比一些不夠活躍及樂觀的人強。
明白興趣只能成事一半，提醒自己可能只知道事情的一半，另一半有待補強。
不要被層出不窮的意念所吞噬，放慢腳步，欣賞每一件事的起、承、轉、合。
學習自律，做事要有條理，安排好工作優先次序。
小心自己那自圓其說的習慣，特別是解釋自己的失敗，或道德操守的失誤。
學習聆聽，而不用忙著想好下一句要說的話。溝通並非一定要說服別人，重要的是能設身處地替別人想。

8號領導者：沒有魄力的人無法保護他人

8號樂觀自信、果斷、行動力強，愛伸張正義。他們認爲世界充滿挑戰和不平，只有做一個強者，才能戰勝環境、抑強扶弱、貢獻社會，而他們就是這樣的強者。正是因爲他們有匡扶正義、幫助弱者的理想，所以他們認爲，最重要的事情就是掌握權力、控制局面。

8號有一種強大的自信和意志力，自強不息的信念一直在驅動著他們，無論遇到多大的困難、挑戰，他們都相信一定能解決，一定能衝過去。

8號是敢說敢做、直來直去的人，他們完全相信自己的能力，一般不會變通或迂迴。8號有時候爲了達到目標，可能會因爲忽略行爲的後果，而付出慘痛代價。

性格亮點

8號天生就喜歡權力和控制。他們追求權力，不僅是爲了保護自己，同時也是爲了幫助他人、維護正義。

8號是典型的「困難領導者」，越是面對困難、障礙時，他們越是表現出對組織的忠誠，越能脫穎而出，直接面對挑戰。

局限和困擾

8號充滿力量和熱情，慷慨大方，在團隊中能給人力量和安全感。

8號選擇做事的方法，一般是最硬的一種，喜歡肉搏戰，缺乏彈性。所以在公司裡，他的有些決策會消耗資源。

8號給自己的壓力很大，總認爲做一件事情，就要拼命才可以。當他看到外界（其中包括競爭對手）的變化時，他就會很敏感，會想盡一切辦法來增強自己的控制能力。當局勢不在自己的控制範圍內時，8號會非常沮喪。

8號在壓力大的時候，脾氣會很暴躁，因此容易得罪人，造成企業內部人員不和。

提升方法

學會接受他人的幫助，這並不是軟弱無能的表現。

尊重你制定的規則，因爲權力無須靠破壞規則來證明。

啓動自己的內在感覺，認識到自己的弱點。

努力發現他人行爲的邏輯性和正確性，允許他人堅持不同的觀點。

學會控管脾氣，發火之前，先在心裡倒數十秒。

不要總是從外界尋找問題的根源，學會從自己身上找問題。

學會承認自己的錯誤。

問自己這件事情值不值得做，問自己願不願意承擔事情的後果。

9號調停者：我希望世界充滿和平與友愛

9號和平、友善、隨和、寬容和忍耐。對於他們來講，最重要的是要維持人與人之間的和諧，維持自己所在環境的和諧。9號的注意力，常常放在人際關係是否和諧上，他們不喜歡爭吵和衝突。當他們看到同事之間發生爭吵和衝突的時候，會出面協調。因此，他們有很強的組織能力和直覺能力。他們能夠覺察到一件事情對整體的意義，關注整體中各個部分的協調關係。

爲了追求和諧，9號首先將自己磨得很圓，沒有任何稜角。他們和善、易相處、沒有太多主見，因此也不愛做決定，別人說什麼，他們都說好，誰也不得罪，也不輕易給別人建議。9號是生活的潤滑劑，是忠實的聆聽者。

性格亮點

9號能夠提供有力的支援。9號支援的目的，並不是讓事情朝著有利於自己的方向發展，而是希望去調停、去維持和平的環境。

9號能夠傾聽他人的觀點，能理解他人。更重要的是，9號能夠感受到他人生活中眞正重要的東西。

局限和困擾

9號太關注未來，太關注一件事情的意義和模式，卻對當下的事情看不到或者不願意看，所以，對於眼前、當下的事情處理得不太好。

9號的思維是屬於跳躍型的，容易發散，思想的速度很快，決策和行動卻很慢。

當意義消失時，或興奮點轉移到更有意義的事情上，9號會快速放棄原來的事情，行動上出現「盲動」。

人事影響決策，9號管理者往往會陷入人事困境。

提升方法

不要讓舉棋不定的困惑，取代自己的眞實感覺和希望。

要保留自己的意見，把它說出來。

學會一心一意地完成任務，不要讓其他事情分心。

當負面情緒出現的時候，不要把注意力轉移到不必要的替代品上，像是食品或電視，積極地面對它。

既能從他人的立場上考慮，又能從自己的立場上行動。

關注眼前的下一步，而不是最終的目標，因爲最終的目標需要一步一步地實現。

適當地釋放自己的怒氣和怨氣。

趣味專欄

人的性格具有多面性

人在成長的過程中，由於受到家庭、社會等多種因素影響，每個人的心理和性格都不一樣，所以長大後，人的性格就具有多面性。這也正是九型人格的基本原理：每個人的性格都是複雜的多面體。

舉例來說，某一天，A的女朋友丟失了愛犬，A性格的各個方面就會這樣體現出來。

1號性格的A：化身爲偵探，到女朋友的家裡去搜尋蛛絲馬跡，調查狗爲什麼會失蹤。

2號性格的A：不斷安慰傷心流淚的女朋友。

3號性格的A：一面打電話報警，一面發動鄰居幫忙尋狗。

4號性格的A：擔心小狗的安全，爲牠不再受到照顧而感到傷心。

5號性格的A：詢問小狗在何時、何地丟失的，最近是否有反常現象，盡可能多方收集有用資訊。

6號性格的A：是否有人綁架了這條狗，以此來戲弄女朋友。

7號性格的A：這條狗擺脫了管束，現在一定很自由吧！

8號性格的A：要想辦法讓女朋友開心起來，不再感到痛苦。

9號性格的A：會耐心地聽女朋友講她和小狗之間的故事，直到她不再傷心。

這個例子有點簡單，但它說明了九型人格的第一要義：在某種特定的情況下，我們會採取九種不同的行動方式，去解決同一問題。

Part 3

九型人格的代表人物

有個性的人通常具有鮮明的性格特點，或倔強，或高傲，或脾氣暴躁，或溫柔似水。那麼，下面這些耳熟能詳的人物，林黛玉、歐巴馬、比爾·蓋茲、老頑童、曹操……都具有哪些性格特點？用九型人格分析，他們分別屬於哪一型呢？

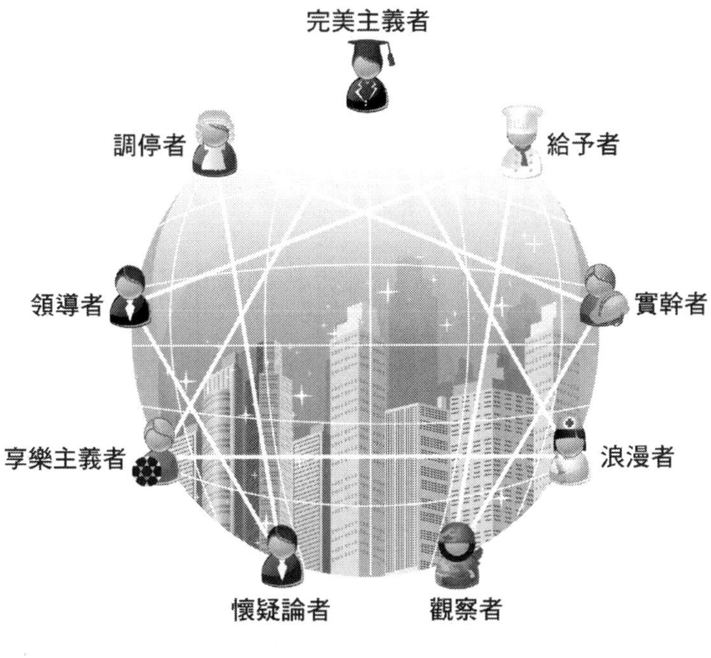

1號完美主義者——《慾望師奶》Bree

美國影集《慾望師奶》裡，女主角之一Bree（布瑞），就是最典型的完美主義者。

無論是家務、烹飪、儀容和相夫教子，她都力求滿分。她燙平每件衣物，永遠讓家裡每個房間一塵不染，藉由開Party來彰顯自己是優秀的女主人。

她一絲不苟、自我要求嚴格，出門時，從頭到腳都要整整齊齊、乾乾淨淨。同時，她也依此高標準來要求家人，東西使用完畢，一定要物歸原位，連筷子、湯匙的擺法、朝向都要一致。她的過分刻意和挑剔，讓丈夫和兩個孩子在家裡深感不安，從吃早餐、襪子的顏色，到交男女朋友，樣樣都有規定，一旦違背，Bree立刻糾正和提醒。全家人生活在她的「完美」之下，充滿窒息感。

Bree得知丈夫嫖妓，憤怒抓狂；兒子表明同志身分時，她更是怒不可遏。她傾盡心力經營的完美愛情、完美家庭，已經不再完美。結果，她也有了外遇，並且間接害死了丈夫。

當丈夫心臟病突發去逝之後，Bree並未因喪偶而悲慟欲絕，她關注的是如何操持一場完美的葬禮。在葬禮中，一向端莊穩重的Bree，做了一件令人費解的事。當牧師請眾親友向亡者行告別禮時，Bree大聲喊停，原因是：她不能忍受婆婆給丈夫戴的那條「可笑的黃色領帶」。於是，她在眾目睽睽下，解下朋友的領帶，為丈夫換上。完成這一切後，她才露出滿意的笑容。

這樣的行爲，在很多人看來是不可理喻，但是瞭解了完美主義者的思維方式和關注焦點，Bree的行爲就不那麼難以理解了。完美主義者對自己的感覺和感受，常用自我麻醉的方式來壓抑和否定。面對生活中的摩擦和矛盾，往往難以平心靜氣地與人溝通，謀求共識，反而按照自己所理解的完美方案去要求對方，以致無法解決問題。

完美主義者對待感情很忠誠，因爲他們的內心，不允許他們做不道德的事情。同時，他們也要求對方回報同質的忠誠專一，一旦發現對方有不忠的行爲，完美主義者會非常憤怒而絕望。受到傷害的完美主義者，往往會用毀滅感情的方式，來徹底的了結。

2號給予者——德蕾莎修女

之所以將德蕾莎修女視爲給予者的代表人物，乃因其具有明顯的2號人格特徵——奉獻。從十二歲起，直到八十七歲去世，她一生都在爲窮人、病人、孤兒、孤獨者、無家可歸者和臨終者服務，從來不是爲自己而活。

德蕾莎修女曾說過，她知道自己無法解決人類的貧困問題，這個問題必須交給政治家、科學家和經濟學家慢慢地解決。可是她等不了，她知道世界上太多人，過著毫無尊嚴的非人生活，她必須先照顧他們。她走入那些破爛不堪的貧民窟，置身貧困者中。她開辦學校，讓孩子受教育。她走到患病者的家中，去醫治他們。她在街頭握住即將斷氣的窮人的手，給他們臨終前最後的一絲溫暖，讓他們帶著微笑，離開這個黑暗的世界。她親吻那些愛滋病患者的臉龐，爲他們籌募醫療資金。她爲在柬埔寨內戰中被炸掉雙腿的難民準備輪椅，也送去生活的希望。她細心地從難民潰爛的傷口中挑出蛆蟲，心疼地撫摸痲瘋病人的殘肢……。

德蕾莎修女始終懷著悲天憫人的心，幫助受苦受難的人們，她在汙穢、骯髒的街道，擁抱那些患皮膚病、傳染病甚至全身流膿的垂死病人，把他們帶回自己的住處，照顧他們，安葬他們，讓人們享受她的奉獻。

一九七九年，德蕾莎修女獲諾貝爾和平獎。她被尊爲「貧民窟的聖人」，也被世人親切地稱為「德蕾莎嬤嬤」。

有人說她很偉大，德蕾莎修女卻說：「我們都不是偉大的人，但我們可以用偉大的愛來做生活中每一件平凡的事。」

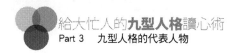

3號實幹者——歐巴馬

「我一開始就知道，成爲總統是我畢生的夢想。」歐巴馬如是說。

從九型人格學的角度分析，歐巴馬具有實幹者的特徵。3號人格者認爲，成功的人生就是能出人頭地，他們渴望站在人們面前，享受榮耀和掌聲，希望被人認可他所擁有的一切成就。他們努力不懈，精力充沛，善於交際。他們善於抓住一切可能的機會，來達到自己的目的，總是給人積極向上、效率極高的印象。

回顧歷史，一九九六年，歐巴馬成爲民主黨的伊利諾州參議員，一九九八年連任；二〇〇〇年在競選聯邦眾議員時，慘敗給拉什（**Rush**），並飽受媒體的奚落和嘲笑。芝加哥大學法學院遊說歐巴馬，接受終身教授的職位，且薪水比當聯邦眾議員高很多，研判其將選擇終結政治生涯，但遭歐巴馬斷然拒絕——他不會這麼輕易放棄自己的目標。

歐巴馬曾經說過，一旦擁有了夢想，就會時時刻刻將它攬在身上，一刻也不與它分開。夢想對於他，就像吃飯睡覺一樣重要，沒有它的領航，所有事情都沒有目標和方向。歐巴馬生命歷程的幾次大跨越，都帶有明顯的「美國夢」的痕跡。州議員、參議員、美國總統，每一次的改變，都是爲了促成夢想的實現。正是憑藉這種勢必達成的態度，一步步讓他飛越和提升。人們也在這種精神中，看到一個勇往直前、非同凡響的歐巴馬，很多人都被他感動、感染、鼓舞，認爲這種精神和態度，可以將自己帶向成功。歐巴馬也因此受到廣大民眾的支持，在歡呼和喝采聲中展現自己的實力，亮出自己的能力。

這也是典型的3號人格的表現，目標就是一切，他們不會輕易放棄自己的目標。對他們而言，實現目標就是實現自我。

4號浪漫者——林黛玉

曹雪芹筆下的林黛玉，多愁善感、孤高自許、目下無塵。這正是4號性格。

林黛玉初到榮國府時，她留神地觀看著一切，彬彬有禮地應對。她謹記著母親的遺言，「外祖母家與別家不同」，因此「步步留心，時時在意，不要多說一句話，不可多行一步路」。但黛玉還是給榮國府的人們，留下了「孤高自許、目下無塵」的印象。

奈何造化弄人，不久，她的父親也離世了。當她回到故鄉料理完喪事，再回到榮國府時，她已經不是來此做客的、揚州鹽課林老爺的小姐，而是一個無家可歸的、前來投靠賈府的親戚。處在這樣的情勢下，自尊心盡失，而她的「孤高自許」也顯得更加不合時宜了。

這個少女並沒有順應環境的變化而調整心態，卻似乎更加挑起她的心高氣傲，她多疑而警戒，唯恐有人對她懷著歧視和輕蔑。

有一次，她去敲怡紅院的門，晴雯誤以爲是丫頭，便拒絕開門。這個誤會卻讓她深受重傷。若黛玉在門外「高聲問她」，事情也就解決了。但寄人籬下的處境，引發負面聯想：「如今父母雙亡，無依無靠，現在他家依棲，如今認眞嘔氣，也覺沒趣。」再沒有什麼比刺傷這個少女的自尊，與踩到她依人籬下的痛腳，更能使她傷心的了。那夜，她「倚著床欄杆，兩手抱著膝，眼睛含著淚，好似木雕泥塑一般，直坐到二更多天，方才睡了」。第二天，她看見落花滿地，便觸景生情地寫出了那篇有名的《葬花詞》。

母親的早逝、父親的離世，使黛玉感到被人「拋棄」，於是，失落感如影隨行，並認爲自己與他人不同。而這點，正是4號人格者形成孤傲性格的根本原因。

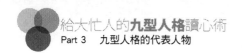

5號觀察者——比爾．蓋茲

觀察者最明顯的人格特徵就是思考。他們靠思維跟世界溝通，思考是他們安身立命的工具，也是他們優越感的來源。5號人格者非常重視知識、資訊和資訊，他們會花很多時間去搜集資訊，然後透過自己的思考，對這些資訊整理、判斷，進而得出結論。

比爾．蓋茲之所以成爲世界頂級富豪，很重要的一點，就是他是一個懂得「思考」的人。

他從小就是一個喜歡想事情的孩子。放學後，總是把自己獨自關在臥室，思考一天所學的內容。他的母親叫他出來吃飯時，他總是置若罔聞。母親問他在幹什麼，比爾．蓋茲總回答：「我正在思考！」有時他還質問家人：「難道你們從不思考嗎？」比爾．蓋茲後來進入哈佛大學，接著創辦了微軟公司，並成爲世界巨富，仍保持勤奮思考的習慣。

直到現在，微軟公司還流傳著這樣一種說法：「和大多數人談話，就像從噴泉中飲水，而和蓋茲談話，卻像從救火的消防栓中飲水，讓人根本應付不過來，他會提出無窮無盡的問題。」

思考致富，這就是5號人格代表人物——比爾．蓋茲——對世人的啓示。

6號懷疑論者——曹操

在三國人物中，曹操無疑是對時局影響最大的人物，也是最受爭議的人物。在政治軍事方面，曹操消滅了眾多割據勢力，統一了中國北方大部分區域。在文學方面，他也頗有建樹；但其為人處世反覆無常，生性多疑，是典型的6號人格者。也許是處於變化不定、波譎雲詭的政治軍事環境使然，他特別害怕有人暗算他，有時，這種防範心理幾近病態。最能反映曹操多疑性格的，便是他於逃亡途中殺呂伯奢一家之事。

曹操刺殺董卓不成，獨自騎馬逃出洛陽，飛奔譙郡，路經中牟縣時被擒。縣令陳宮慕曹操忠義，棄官與之一起逃亡。兩人行至成皋，投曹父故人呂伯奢家中求宿。

呂伯奢見曹操，非常高興，又聽說其刺董卓未遂，正遭緝拿，更是欷歔良久。之後，轉身出門，命兒子殺豬宰羊，自己則去四里外的市集打酒。

由於形跡敗露，曹操終日緊張，再加上生性多疑，即使在呂伯奢的客堂裡，他依然兩耳高豎，坐立難安。剛喝完一杯茶，便聽聞霍霍的磨刀聲，側耳再聽，竟聞人說：「馬上堵了門，別讓他跑了！」

多疑的曹操認為呂家人要報官殺害他，心一橫，拔劍出門。「好一群不顧大義的小人！」呂伯奢的小孫子正在瞪目瞅他，曹操忽地一劍刺去，一股紅流噴在胸部。曹操毫不手軟一劍一人地殺向後院。

等他殺到廚房，卻見一豬隻被捆上四蹄待宰，這時才明白，錯殺了眞誠待客的主人一家。

曹操和陳宮匆匆逃離呂家。半路上，又和興沖沖、喜滋滋、沽酒而歸的老翁呂伯奢碰上了，陳宮滿面愧疚，抬不起頭，曹操卻在兩馬相錯之際，一揮劍，又把慈祥的老翁殺死了。

陳宮大驚：「先前殺人，乃因誤會；現在明知是恩人，竟還狙殺，太不像話了！」

曹操道：「伯奢到家見狀，必定告官，追殺我們！」

「你這樣做，也太不仁義了！」陳宮道。

曹操冷笑：「寧我負人，毋人負我！」

曹操這麼做的目的，無非是防患未然，以別人的性命，來換取自己的安全，其多疑猜忌的性格展露無遺。

7號享樂主義者——老頑童周伯通

提到7號人格，我們不得不說說金庸筆下的老頑童，他是典型的享樂主義者。在《射雕英雄傳》和《神雕俠侶》兩部長篇小說中，金庸大俠賦予周伯通的使命，就是一個字：玩。

周伯通童心未泯，赤子之心始終不失，人也毫無心機，雖然年紀大了，但其行爲舉止猶如孩童，人稱老頑童。

在桃花島初遇周伯通時，郭靖眼中的他，不僅模樣奇特，性情也奇特：「只見這人盤膝而坐，滿頭長髮直垂至地，長眉長鬚，鼻子嘴巴都被遮掩住了……那老人哈哈一笑，裝個鬼臉，神色甚是滑稽，猶如孩童與人鬧著玩一般……」

周伯通天生是個樂天派，喜歡無拘無束地遊戲人間。即便遭批評指責，他也不惱，該玩還是玩。要是玩過頭了，郭靖和黃蓉責備他耽誤正事，周伯通一點也不生氣，嘻嘻一笑過後，會乖乖地按照他們的囑咐，老老實實做事去。

性情所致，周伯通見到誰，都想嬉鬧一番，毫不在意別人的感受。他把嬉鬧視爲生活中的一大樂事，也許在他心裡，這一切沒什麼大不了的。

從周伯通身上可以看出，貪玩是享樂主義者的本性。他們像個孩子一般，永遠長不大，始終保有一顆年輕的心。

8號領導者——馬雲

有個人在「二〇〇四CCTV中國經濟年度人物」頒獎典禮上，說了一句很嚇人的話：「一個男人的才華，跟他的長相是成反比的！」引得全場一片歡呼。這個其貌不揚的男人，爲中國中小企業開創了新的紀元，成爲影響中國經濟的人物。他是馬雲，中國電子商務網站的開拓者，阿里巴巴網站創始人兼CEO。

一九六四年九月十日，馬雲出生於杭州的普通人家。在那個年代，家庭出身極其重要，是否家世清白，對一個人有莫大的影響。由於爺爺曾當過保長，他被認定是「資產階級」，孩提時代起便飽受打壓歧視，並在父親的棍棒教育和同伴的欺負與輕視中成長。在這樣的環境下，爲了保護自己，他必須變強。馬雲個頭矮小，但不論來者何人，他都敢硬碰硬地和對方「單挑」。從小學到中學，爲了心中的正義而打架，「馬大俠」身上總共縫了十三針，也因爲打架而受處分過多，在中學時被迫轉學。

在這樣的「鬥爭」中成長的人，對追逐權力和地位特別迫切，目的是讓自己成爲正義的執行者，爲弱小者提供安全的保護。

一九九五年四月成立的中國黃頁網站，是第一家線上中文商業資訊站，也是最早推出企業服務（B To B）的網路商業模式。一九九六年三月，中國黃頁將資產折合成六十萬人民幣，以

30％的股份，併入杭州電信。後來雙方拆夥，馬雲離開中國黃頁。

馬雲聰明有主見，但沒有控股權，不能掌控全局，控股方又不能充分授權，必然導致合作失敗。這也與馬雲的性格有關，他要第一，不肯居次，因而在合作上產生衝突。馬雲這種性格，天生就是要當家做主的。

一九九九年年初，馬雲回到杭州，以五十萬元人民幣創業，發展阿里巴巴網站。

顯而易見，用九型人格來分析，馬雲屬於8號領導者。他希望控制身邊的事物，同時習慣性地對自己的行爲是否公正進行判斷，讓別人聽從自己的指揮。他敢於面對困難，並激勵別人，常逆水行舟、排除萬難，帶領一群人衝向目標；積極好強，具有戰鬥力；重視公平正義，同情弱者。

9號調停者——劉邦

9號人格者，之所以被稱爲調停者，乃因他們是非常善於利用關係來辦事的一群人。他們在面臨重大問題的時候，總是能夠找到「能用」的人，他們清楚周圍人的強項與短處，懂得怎麼用人。

9號人格的代表人物劉邦，取得天下後，闡述自己的成功之道：「夫運籌帷幄之中，決勝千里之外，吾不如子房（張良）；鎮國家，撫百姓，張餉饋，不絕糧道，吾不如蕭何；連百萬之眾，戰必勝，攻必取，吾不如韓信。三者皆人傑，吾能用之，此吾所以取天下者也！」

劉邦的個人能力也許不強，但是他能將最強的人留在自己身邊，並統領他們，這種能力，是9號調停者的特出處。

調停者不會是某個領域的專家，但他是最有能耐、將各路英雄聚集起來的那一個人。

趣味專欄

遺傳——與生俱來的性格

人類似乎很早就對性格形成的遺傳因素有所認識，中國的很多俗語，就有關於這方面的十分生動而具象的體現，如「種豆得豆，種瓜得瓜」，「上梁不正下梁歪」，「老鼠的兒子會打洞」等。從科學的角度來看，性格的形成與發展，確實有著極其深厚的生物學關聯。遺傳是性格形成的生物基礎，也是性格的形成和發展上，與血緣相連的前提。下面我們從四個面向來分析遺傳對性格的影響。

第一，一個人的相貌、身高、體重等生理特徵，會因社會文化的評價與自我意識的作用，影響到自信心、自尊等性格特徵的形成。

例如：在一個崇尚以瘦、高、小臉為美的國家，如果一個人的外表，剛好符合這個國家的大眾審美標準，那麼他（她）將成為眾人認可、肯定的對象，其自信和自尊也會得到大幅度的提升；相反，他（她）若胖、矮，且相貌並不那麼出眾，就會在大眾無形的否定中，感到自尊受挫，並產生自卑的情緒。

第二，生理成熟的早晚，也會影響性格的形成。一般來說，早熟的孩子愛社交，責任感強，較遵守學校的規章制度，容易給人良好的印象；晚熟的孩子，往往憑藉自我態度和感情行事，責任感較差，不太遵守校規，很少考慮社會準則。如果任其自由發展，孩子往後的成長過程中，很可能會衍生出行爲偏差的問題，甚至引發嚴重的後果。

第三，某些神經系統的遺傳特性，也會影響特定性格的形成。這種影響或起加速作用，或起延緩作用。這從氣質與性格的相互作用中可以印證：開朗型比抑鬱型的人，更容易形成熱情大方、積極樂觀的性格；抑鬱型比開朗型的人，更容易形成膽怯和懦弱的性格特徵。開朗型的人比抑鬱型更容易成爲強者。

第四，性別差異，對人類性格的影響，也有明顯的作用。一般認爲，男性比女性在性格上，更具有獨立性、自主性、攻擊性、支配性，並有強烈的競爭意識，敢於冒險；而女性則比男性更具依賴性，較易被說服，做事有分寸，具有較強的忍耐性。這種由性別差異而導致的性格差異，就直接反映在職業上。例如：需要細心與耐心的護士、幼教、祕書等工作的從業者，一般以女性居多；而需要耐力、獨立性、支配性的工作（如工程師、員警等），則以男性居多。

遺傳固然是性格形成的重要因素之一，但我們不能無限誇大遺傳的影響。一個人性格的形成，無論是討人喜歡的性格，還是不討人喜歡的性格，除去遺傳因素的影響，更多的是後天的家庭、教育及環境的影響。瞭解這一點，我們便有義務，好好培養並完善自己的性格。

Part 4

瞬間讀懂你周圍的人

古人和現代科學研究都在提醒我們，人們的真實意圖，常浮現於舉手投足之間，常暗藏在神態服飾之中。本章將幫助你透過他人的面相、生活習慣、言談舉止等身體語言暗藏的玄機，全面剖析九型人格，進而在人與人的往來中，迅速準確地看透對方的心理，從而占得先機，遊刃有餘地面對各種人生挑戰。

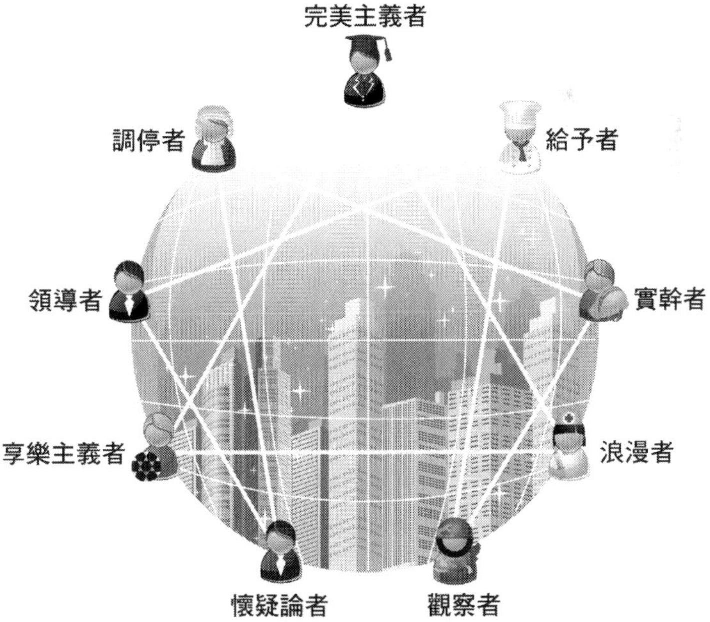

有潔癖的人是完美主義者嗎

完美主義者，是不折不扣的細節狂與潔癖者，他們在生活中和工作上不能容忍瑕疵：地上掉了一根頭髮，他著急得顧不上吃飯，也要先撿起來；伴侶的襪子沒有放在他（她）規定的位置，他（她）爲此大發雷霆或喋喋不休、沒完沒了；同事的衣服上有個汙點，他（她）看了要替對方難過一整天……。

如何一眼認出哪些人是完美主義者呢？主要方法有：

1. 化完美妝

化完美妝的人，追求的是盡善盡美。她們爲了完成自己的目標，不惜花費巨大代價，任何事情都會追求完美，屬於典型的完美主義者。這種類型的人，甚至傾盡所有，也要使自己的容貌，達到令自己滿意的程度。之所以如此，乃因她們對自己的才智和財力，都有充分的把握，唯一放心不下的是自己的外貌。爲了成爲一塊無瑕的美玉，她們不停地審視自己，用化妝來掩飾不足，結果卻讓別人感到不自在。

2. 一天刷好幾次牙的人

這是追求完美主義的人，同時也是沒有自信的人。他們每天都希望引起他人的注意，而且希望不被對方瞧出毛病來。他們經常會浪費自己和他人的時間，讓身邊的人隨自己爲某件事絞盡腦汁，有神經質的傾向。

3. 用珠寶當飾品

喜歡用珠寶當裝飾品，對服飾起到某種點綴的作用，這類人在很多時候，並不是爲了突出或表現個性，而是爲了配合整體造型，達到整體和諧的程度。這樣的人，可以稱得上是完美主義者，他們凡事總是竭力追求完美。他們的自我表現欲望不是太強烈，他們更在乎的是，自己是否可以完全融入某一種氛圍當中，與其他人打成一片。

誰能成為有難同當的朋友

找朋友就要找給予型的人。雖然一開始他們懷疑你的目的，懷疑你的人品，懷疑你的一切，但是，一旦他們從求證中建立信任，將會視你爲知己。可以說，他們是能與你有難同當、同甘共苦的人。

怎樣辨識給予型的人呢？傳統面相學爲我們提供了一些方法：

1.眉毛濃、鬍鬚濃以及鬢毛濃的男人，個性很強，愛恨分明，重情義。如果你以眞誠的態度和他們交往，那麼他們也會回饋你眞摯的友情。無論何時何地，只要你遇到麻煩，他們定會鼎力相助，發動一切人脈，助你脫離困境。

2.擁有短秀眉的人，眉毛短促而清秀，漆黑有光，給人一種慈眉善目的感覺。他們比較講求信義，心地善良，對家庭負責，對朋友忠義，對父母有孝心。

3.眼睛黑多白少而有神的人，不會欺騙朋友，對朋友有一說一，沒有隱瞞。他們講義氣，把友情看得很重，無論何時，都不會做傷害朋友的事情。可以說，他們是最值得信賴的知己。

工作狂有哪些行為特徵

3號實幹者像一臺永動機，不知疲倦，不知停歇，始終以高昂的情緒工作，他們常常被稱爲工作狂。我們若想知道自己是否具有3號性格，有多大可能是工作狂，或者身邊潛伏著多少工作狂，不妨利用下述的簡易方法，進行初步檢視：

1.兩腳交叉併攏，單手托下巴

習慣動作是：兩腳交叉併攏，一手托著下巴，另一隻手托著這只手臂的肘關節。這種人多數爲工作狂，是典型的3號人格者。他們對自己的事業很有自信，工作起來十分投入。廢寢忘食的行爲，對他們來說是家常便飯，自己的另一半，更是經常被冷落在家。

2.手機置於手中

手，是全身上下活動最多的地方之一。習慣將手機一直拿在手上的人，一般都精力充沛，也就是所謂的工作狂，不到非休息不可的地步，他們是絕不會休息的。

3.逛街時喜歡走在後面

如果他走在後面，表明他也很重視戀愛，不過，他不會因你而放棄名譽和地位。

戀愛中的他，雖口口聲聲說「你比工作重要」、「你是我生命中，最重要的一部分」，但是婚後的他，會逐漸變成一個工作狂，工作變得比愛情更重要了。

為什麼浪漫主義者喜歡裸睡

裸睡是許多人的習慣。喜歡裸睡的人，嚮往自由和輕盈的東西，被束縛了一天的身體，已經很疲憊了，當晚上回家後，他們就想到應該徹底解放自己。

從這種人的行為中可以感覺到，他們是個靠感性生活的人，通常處理事情時，他們會靠感性做決定。當他們新結識一個人時，是憑自己的直覺去判斷，對方是否值得結交，所以成功和失敗的經驗是相差無幾的。

這種人註定會受到指責，在工作和生活中，有人會批評他們缺乏理性，喜歡感情用事。但他們不為所動，認為過多的理性會使人喪失很多樂趣。

套用九型人格法，這種忠於自己的感受、憑感覺做事的行為，是浪漫主義者獨有的，所以在一定程度上，喜歡裸睡的人多數具有4號人格。

如何洞悉面無表情的人的內心

5號性格者，不論聽到或看到什麼，甚至想到什麼，都會竭力壓抑自己的情感，不願直接挑明說開或寫在臉上。他們的眞實想法，有時不太容易被人看出來。

不過，沒有表情，不表示沒有感情。相反，沒有表情，其實最能顯現一個人的感情。例如，對一些人心懷不滿卻又不能發作時，他們就會以面無表情回應。其實，無論他們如何壓抑感情，旁人還是能察覺到他們的表裡不一。正因爲他們極力要壓抑內心的不滿，所以仔細觀察的話就會發現，他們的臉部線條僵硬、扭曲而不自然。

一個面無表情的觀察者，一旦緊張起來，眼睛就會不由自主地眨動，鼻頭自然皺起，偶爾有臉部痙攣的情形。對於這樣的人，正確的做法是不要去刺激他。有些上司還會不明就裡，繼續對著臉色蒼白的下屬說：「你的臉怎麼啦？似乎在抽搐，有什麼不滿就說出來吧！」此舉無疑更加刺激正拼命壓抑感情的下屬，是相當危險的。

面對與自己交流時，面無表情的5號人格者，如果覺察到對方的緊張和不安，最好改天再找機會交談，不宜當場說破。

懷疑型人格具有哪些面相特徵

具有懷疑型人格的人，整天憂心忡忡，無論做什麼事、說什麼話，都覺得有人在評論自己，議論自己的一舉一動，甚至總感到有人在跟自己過不去。與這類人交往、說話及共事，應格外小心，稍有不慎，不僅會傷害對方的自尊心，更會令彼此的關係惡化。

那麼，芸芸眾生中，我們如何識別哪些人具有懷疑型人格呢？傳統面相學告訴我們：

1.頭髮自然捲曲

這類人事事患得患失、猜疑心重、自以為是、目中無人，喜歡獨斷獨行，沒有同理心。

2.三角臉

這類人頭腦靈活，記憶力強，做事有很強的目的性與爆發力，但生性多疑，易衝動。

3.眉毛斜挑

這類人常常處於懷疑狀態，揚起的那條眉毛，就像一個問號。

4.斷眉叉眉

這類人比較多疑，內心壓抑，容易對周圍的人產生敵意，為一點小事斤斤計較。他們往往人緣很差，喜歡獨來獨往，難以溝通。

5.下嘴唇往前撇

人的下嘴唇往前撇，表明他對接受到的外界資訊，持不相信的懷疑態度，並且希望能夠得到肯定的回答。

花花公子一定是7號嗎

如果你發現有些人在與他人談話時，目不轉睛地看著別人，尤其在聚會上，這類人也常常盯住一個人不放，但並不是看上了談話人，那麼這類人大多是7號。

這類人的支配欲望很強，大多數時候，他們確實又都有某種優勢，因此只要有機會，他們就會向別人表現自己。總之，他們占不到天時、地利，就一定能占到「人和」。他們時常看起來像花花公子（很多時候是事實），但有一點值得肯定，他們選定了人生目標，就一定會去努力實現。

這類人不喜歡受束縛，經常我行我素。另外，他們比較慷慨，因此他們周圍，總是有一些相干和不相干的人在一起。當然，有眞心的，也有看中「酒肉」的。

無拘無束的生活，向來都是他們追求的方向與目標。他們的生活哲學是：天下不如意事十常八九，何不開心過活呢？

什麼樣的人是領導者

細節決定成敗。若想知道誰是8號領導者，不妨從生活細節入手。生活經驗告訴我們，一般說來，具有以下特徵的人具有領導能力：

1. 速戰速決

這類人做決定的速度很快，但性子急、想法太過天真、缺乏深思熟慮的一面。擁有領導者的特質，但過於獨斷，並且不相信別人，且有「凡事求快」、「不想落於人後」的競爭心。

2. 領帶黑色、襯衫白色的人

黑白分明，是對於閱歷豐富之人的形容，所以喜歡這種打扮的人，多爲穩健老成之人。由於經歷得多，感悟也會多，他們懂得什麼是人生的追求，善於明辨是非，相信「善有善報、惡有惡報」，正義在他們身上得到最大發揮空間。

習慣兩腳併攏的人具有哪種性格

如果你看到一個人，經常兩腳併攏或自然站立，雙手背在身後，那麼他們多數具有9號人格。他們大多在感情上比較急躁，經常看到他們對一個人猛追緊纏，也經常聽到他們發誓不娶，如果讓他們去經歷愛情的長期考驗，則大多數會成爲愛情的逃避者。

他們與人相處融洽，極大的主因乃在於他們很少對別人說「不」。

他們在工作中不會有什麼開拓和創新的精神，卻也踏實到毫無反對意見的地步。他們不是「拍馬屁」的高手，甚至他們不知道該怎樣「拍馬屁」，但他們經常「拍到馬屁」，應該說，是他們運氣很好。

他們的快樂，源於對生活的滿足，而不與人爭的個性，既帶給他們美好的心情，也帶給他們憤怒。

趣味專欄

外貌、表情反映性格

一個人的面部表情、姿勢、打扮、衣著等，在某種程度上，反映出一個人的性格特點。一個熱情開朗的人，總是將他開朗的性格寫在笑臉上，而一個陰鬱的人，總是一臉的惆悵表情。微笑也可以表現出不同的性格特徵。托爾斯泰說：「有些人，一雙眼睛在笑，這是奸詐的人和利己主義者；有些人不用眼睛，而是口中發笑，這是軟弱、優柔寡斷的人。這兩種笑都是不愉快的。」面部表情是多種多樣的，會表現出不同的性格特性。

眼睛是靈魂之窗，人的眼睛在面貌的表現上，具有重要作用，它顯示了人的性格和氣質的某些特徵。托爾斯泰就曾把人的眼神分為：狡猾的眼睛、炯炯有神的眼睛、明朗的目光、憂鬱的目光、冷淡的目光、無情的目光等等。

姿勢上，一個人是放開大步走，還是踩著碎步走；是筆直地站著，還是斜歪著；雙手放在什麼地方等，往往也反映出一個人的性格特徵。

一個人的服飾，也可以反映出人的性格。例如，活潑型的女孩，一般喜愛色澤鮮豔、圖案活潑多變的服裝；溫柔文靜的小姐，則愛穿素淨淡雅、線條飾物簡單的服裝。

Part 5

九型人格**的情緒操控**

快樂是自己尋找的，煩惱也是自尋的。如果你不給自己尋煩惱，別人永遠也不可能讓你煩惱。所以，當你憂心忡忡的時候，當你唉聲歎氣的時候，不妨把你的煩惱寫下來，看看它是否值得你憂慮。如果值，就尋找解決問題的辦法；如果不值，又何必費神呢？人生在世，短短數十載，何必對自己苦苦相逼？對自己微笑一下，和自己握手言和吧！

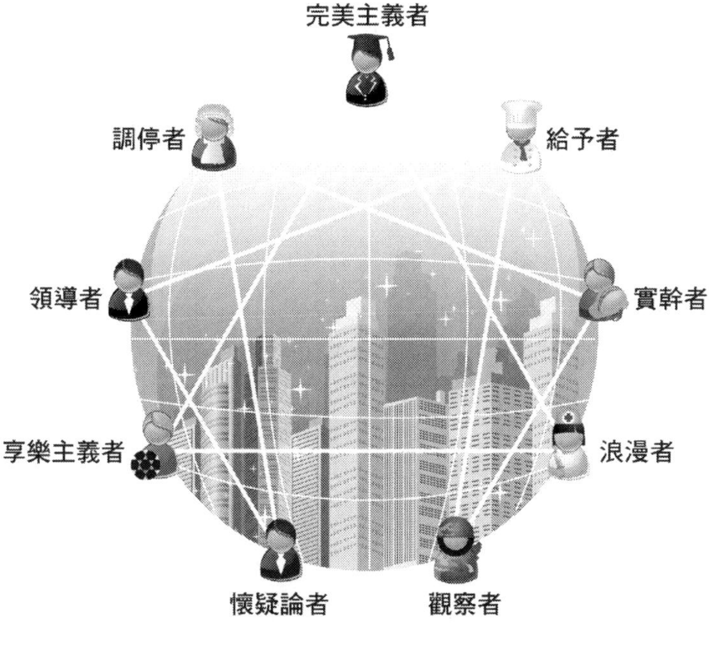

1號心裡住著一個嚴厲的批評家

前面提過，1號完美主義者的心裡住著一位嚴厲的批評家，這個批評家，時刻在提醒著：「失敗是自己的責任！你必須承擔後果。」這讓他們的心靈備受折磨，甚至產生焦慮。例如，不少完美型、理智型的人，最難受的，不是考試前和考試中，而是考試後。他們考前小腿抽筋的原因是，擔心自己萬一考不好怎麼辦？而讓他們最爲痛苦的，是考完後的檢討。

當正確答案出來時，一旦發現很簡單的題卻做錯了，完美主義者就會捶胸頓足、拍著自己的大腿說：「怎麼又少了一分！」「我眞笨，這麼簡單的題也做錯！」這種懊悔不迭的情緒，一直如影隨行到考試成績出來後，很久才會散去。

完美主義者以自己的主觀意願爲出發點，持有事物「必須」或「應該」怎樣的信念。例如，「我必須獲得成功」，「這件事必須做到位」，「生活必須完美」等。一旦現實與個人絕對化的要求不相符，他們就會感到難以接受，從而陷入自責的情緒困境。

要想擺脫那種懊悔、自責的生活方式，最有效的方法是善待自己。

學會善待自己，是一件非常重要的事情。學會善待自己，就要允許自己犯錯，「金無足赤，人無完人」，誰能一輩子不犯錯？在記取教訓之餘，也要釋懷，即使是由於自身的原因導致的錯誤，也要寬容原諒自己。只有這樣，才能形成積極的心態，有利於下一步的成功。

生活是一場曠日持久的戰鬥，不要對自己太苛責，要學會寬待自己，經常對自己說：「過去的就讓它過去吧！一切從頭開始。」然後打起精神，快樂地生活下去。

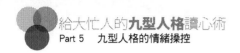

幫助別人值得驕傲嗎

由於2號過於關注對別人的幫助，這讓他的內心產生一種自豪感。他認爲自己是及時雨，對他人來說，自己不可或缺，慢慢地驕傲起來，四處宣揚自己對他人的好。

某先生講述了他祖父的故事，對我們在理解人情世故上良有啓發：

「當年，祖父很窮。在一個大雪天，他去向村裡的首富借錢。首富爽快地答應借給祖父兩塊大洋，大方地說：『拿去用吧，不用還了！』」祖父接過錢，小心翼翼地包好，匆匆趕回家。看見平日十分堅強的祖父來借錢，首富很是得意，於是追到門口，衝他的背影又喊了一遍：『不用還了！』

「第二天大清早，首富打開院門，發現自家院內的積雪已被人掃過，連屋瓦也掃得乾乾淨淨。他讓人在村裡打聽後，得知是祖父做的。首富突然明白：自己的舉動，讓對方很難堪，因爲村裡很多人都聽見了喊聲。他也體悟到，給別人一份施捨，只能將別人變成乞丐。於是，他讓祖父寫了一份借契，祖父因而流下感激的淚水。」

「祖父用掃雪的行動來維護自己的尊嚴，而首富向他立借據，成全了他的尊嚴。在首富眼裡，世上無乞丐；在祖父心中，自己何嘗是乞丐？」

把「施恩」變成「施捨」，雖是一字之差，但效果大爲不同。

如同那位首富一樣，經常有這樣的人，幫了別人的忙，就覺得有恩於人，四處散播，唯恐天下不知。他們有一種優越感，高高在上，不可一世。這種態度是危險的，容易引發負面後果，也就是：幫了別人的忙，卻沒有增加自己人情帳戶的收入，因爲驕傲的態度，已把這筆帳抵消了。所以，即使你有恩於他人，也要保持一顆謙遜的心。

培養堅忍性格的六種方法

3號從小就很能幹，他們想要獲得別人的認可，想要維護自信，於是凡事力爭第一，漸漸養成堅忍不拔的剛毅性格。

有了堅忍，3號在遇到大災禍、大阻礙的時候，就不會無所適從，在各種困難和打擊面前，仍能頑強地生活下去。

3號不管面臨任何情形，總是不肯放棄、不肯停止，而在失敗之後，會以更大的決心和勇氣繼續前進。所以他們所取得的成功，比以金錢爲資本的人更大。

事實上，一個下定決心就不再動搖的人，無形之中會給人一種最可靠的保證，他做起事來一定勇於負責，一定有成功的希望。因此我們做任何事時，事先應制訂詳盡的計畫，一旦主意打定之後，就毋須猶豫，遵照定好的計畫，按部就班地去做，不達目的誓不甘休。

那麼，我們如何培養堅忍的性格呢？

第一，確切地知道，自己最想要的是什麼，給自己建立一個目標。

第二，讓自己擁有強烈的、想獲得堅忍性格的欲望。

第三，相信自己的能力，給自己足夠的自信。

第四，不管是生活中還是工作中，都要學會與人合作，瞭解和適應別人的方式，與周圍的人建立融洽的關係。

第五，張揚自己的意志力，這樣才能爲了既定的目標而自覺努力。

第六，經常進行體育鍛鍊，培養在困境中的堅韌和彈性，強化駕馭生活的能力。

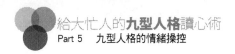

誰有一張「抑鬱」的面孔

抑鬱的感覺，對於浪漫主義者來說，就像黑洞一樣，使他們感到無助、無力，沒有出路。生命好像停止了一樣，他們躺在床上，盯著天花板發呆：

「如果不是這樣就好了。」

「我犯了個大錯誤。」

……

每個人都會有不快樂和心情不好的時候，但長期抑鬱，會使人的身心受到損害，使人無法正常地工作、學習和生活。

爲了身體健康著想，也爲了享受生活，浪漫主義者不妨參考以下方法來消除抑鬱。

1.調節情緒，逐步改善心境，從而使生活重歸歡樂

浪漫主義者要想消除抑鬱情緒，首先應該停止對自身及周圍環境的埋怨，眞正意識到自身的認知錯誤，來自於憑感覺判斷與思考問題，因爲感覺不等於事實。每當你焦慮、抑鬱時，切記執行以下兩個步驟：第一：記錄。把那些消極的想法記錄下來，別讓它們占據你的大腦。第二：改變思維方式，調整心態。用更爲客觀的想法，取代消極的認知，徹底杜絕讓你自尋煩惱的謬論。

2.擴大人際交往

悲觀的人，周圍多是悲觀者，而樂觀的人身邊，亦多為樂觀者，因此要想改變命運，你必須向樂觀者學習。不要固守於自我的小天地，應該多參與團體，多與人溝通，多交朋友，尤其多和精力充沛、充滿活力的人相處。這些洋溢著生命活力的人，會使你感受到事物的光明和美好。

3.學會宣洩

練習向知心朋友、家人訴說自己的不愉快。當處於極其悲哀的痛苦中時，要學會哭泣。另外，多參加藝文活動、寫日記、寫不寄出的信等，都可以幫助消除心理緊張，避免過度抑鬱。

4.良好的生活習慣——盡可能地使生活有規律

規律與安定的生活，是浪漫主義者最需要的。早睡早起、作息正常、上學上班、按時運動等有規律的活動，讓生活有秩序、有重心，使你有更多的精力去做別的事情，保持身心愉快。而多完成一件事，就會使人多一份成就感和價值感。

5.陽光及運動

多接觸陽光與運動，對於浪漫主義者有利，活動身體，可使心情放鬆，沐浴在陽光的溫暖下，可或多或少地改善一個人的心情。

為什麼5號喜歡當「第三者」

5號觀察者，喜歡從一個旁觀者的角度，來看待自己和自己的生活。他們喜歡當「第三者」，喜歡將自己的情感與生活中的事件隔離。於是，感情極少外露的觀察者，表現出沉穩、冷靜，這正是現代人所需要的。

沉穩冷靜，是一個人思想修養、精神狀態良好的標誌。在生活節奏快速的今天，保有冷靜穩定的心，才能思考問題，才能在紛繁複雜的大千世界中，站得高、看得遠。諸葛亮所言「非寧靜無以致遠」，說的就是這個道理。心浮氣躁的人，若能把「寧靜以致遠」作為座右銘，並凡事遵循，有助於克服浮躁之弊。

清代名督劉銘傳，是建設臺灣的大功臣，臺灣的第一條鐵路，便是由他督促修建。劉銘傳的成功，與他的沉穩冷靜不無關係。

當時，李鴻章將劉銘傳與另兩名書生，一併推薦給曾國藩。曾國藩安排了小測試：約三人至府內面談，但時間到了，卻遲未現身，讓他們在客廳等候，以暗中觀察。只見其他兩位都顯得很不耐煩，不停地抱怨，只有劉銘傳一個人安安靜靜、心平氣和地，欣賞牆上的字畫。後來曾國藩考問他們客廳中的字畫，只有劉銘傳一人答得出來。結果，劉銘傳被推薦為臺灣總督。

沉穩冷靜，是事業成功的一個重要條件。在這個瞬息萬變的時代，人人都可能有過浮躁的狀態，但若因此失去對自我的準確定位，使人隨波逐流、盲目行動或急功近利、喪失理性時，就會給自己、家人、朋友甚至社會帶來困擾，影響個人能力的發揮。所以，我們要向觀察者學習，告別浮躁，凡事冷靜持重。

「雖然……但是……」和「如果……」

我們的生活裡，有這樣一群人，他們感情細膩、多愁善感，看到紅葉落下便悲歎生命的短暫匆促；他們敏感纖細，當你說「今天的陽光眞燦爛」，他們也要想一下：「這話有其他意思嗎？」他們做事，很少果斷乾脆，因爲對未知的懷疑和想像，他們的口頭禪一般是「雖然……但是」和「如果……」。

這類人就是懷疑論者。他們的特點是：善於把事情壞的方面無限放大，一直沉浸在悲傷和難過中；他們一旦負責某事，就會認眞做好；他們有著很強的猜忌心，警戒心很重；他們的內心是一口很深的井，常感到膽怯、孤單，也常把心中的想法和感情壓抑。

懷疑論者身上有個最大的優點，那就是忠誠，他們忠於自己認定的事情，爲了達到目標，他們可以不求回報，犧牲自己的利益去奉獻。他們不會追求即刻的成功和回報。和其他性格比起來，懷疑論者的洞察能力是最強的，他們能夠輕易洞察到，身邊的朋友誰心裡高興卻裝得若無其事，誰內心悲傷卻面無表情。因爲超強的洞察力，所以懷疑論者總是能夠輕而易舉地知曉自己身邊的情況，哪些有利、哪些不利。

每一種性格都有各自的優點，也都有各自的缺點。因此，想成爲受歡迎的人，就要努力克服性格上的缺陷，發揮性格上的優點。

有自戀心理的7號怎樣調整心態

安妮寶貝：「不自戀的人不可愛。」自戀的人才會疼愛自己，發現自身獨有的價值和特徵，把最完美的自己呈現和發掘出來。每個人都需要有一點點健康的自戀，但若過度沉迷或美化自己，對於一些反映客觀眞相的建議視而不見，很容易變成自大狂。享樂主義者就是這樣的人，他們堅信自己卓爾不群，只尋找那些支持他們觀點的環境和人。

7號性格者總是對自己信心十足，經常在別人面前誇耀自己，認爲自己是整個宇宙的中心，認爲自己才華出眾，認爲自己什麼事都能辦成。他們不合理地要求讚揚、特殊待遇，要求別人順從，卻不設身處地爲別人著想。別人比他優秀時，他妒忌；別人不贊同他時，他就認爲別人在妒忌自己，認爲自己只能被同樣特殊的人所理解。

試問，這樣的人，怎能和他人友好相處呢？因此，具有自戀心理的享樂主義者，需要從四方面調整自己的心態：

首先，接受批評是根治自戀的最佳辦法。自戀者的致命弱點，是不願意改變自己的態度，或接受別人的觀點。接受批評，即是針對這一特點提出的解決方案。它並不是讓自戀者完全服從於他人，只是要求他們調整，能夠接受別人的正確觀點，通過接受別人的批評，改變過去固執己見、唯我獨尊的形象。

其次，與人平等相處。自戀者視自己為上帝，無論在觀念上或行動上，都無理地要求別人服從自己。平等相處就是要求自戀者，以一個普通社會成員的身分，與別人平等交往。

再次，提高自我認識。要全面地認識自我，既要看到自己的優點和長處，也要看到自己的缺點和不足，不可一葉障目、不見泰山，抓住一點不放，未免有失偏頗。認識自我不是自己說了算，應該要客觀評比、省視自身。每個人能夠生活在世上，都有自己的獨到之處，都有他人所不及的地方，也有不如人的地方，與人比較時，不能總拿自己的長處去比別人的短處，把別人看得一無是處。

最後，要以發展的眼光看待自戀。既要看到自己的過去，又要看到自己的現在和將來。輝煌的過去，標誌著你過去是個英雄，但它並不代表現在，更不預示你的將來。

8號感到失落的原因何在

8號人格者，一生都在追求公平，他們認爲公平合理是世界應維持的秩序，於是他們常常說：

「這不公平！」

「因爲我沒有那樣做，你也沒有權力那樣做。」

……

實際上，絕對的公平並不存在。這個世界不是根據公平的原則而創造的。譬如，鳥吃蟲子，對蟲子來說是不公平的；蜘蛛吃蒼蠅，對蒼蠅來說是不公平的；豹吃狼，狼吃獾，獾吃鼠，鼠又吃……。觀察大自然就可以明白，這個世界並沒有絕對的公平。人們每天勉力過活，快樂或不快樂，與公平是無關的。這並不是人類的悲哀，而是一種眞實狀況。

面對不平等，當然會不平、憤怒或憂慮，但既然是客觀的現實，就要學習調整看待的心態。抗拒不但可能毀了自己的生活，而且可能會使自己精神崩潰。因此，人在面對無法改變不公和不幸的厄運時，要學會接受它、適應它。

我們承認「生活是不平等」的這一客觀事實，並不意味著消極，正因爲接受了這個事實，我們才能以持平的心態，找到屬於自己的人生定位。命運總是充滿不可捉摸的變數，若它給我們帶來快樂，當然要欣然接受，但有時它也帶給我們不愉快或是挫折，如果我們不能學會接受它，反而讓災難主宰了我們的心靈，生活就會永遠失去陽光。

「我到底是同意還是不同意」

「我同意？還是不同意？」

「採取哪個策略比較好？」

面臨選擇時，9號人格者認為「公說公有理，婆說婆有理」，以致做決定時，往往猶豫不決。

一位具有9號人格的才子，決心「下海」做生意。

有朋友建議他炒股，他豪情萬丈，要買下手時，又有朋友勸道：「炒股有風險，等等看吧！」

有朋友建議他到夜校兼課，他很有興趣，但預備開課了，又聽朋友說：「講一堂課才多少錢，沒意思。」

他很有天分，卻一直在猶豫中消耗，兩三年了，一直沒有成功「下海」，碌碌無為。

一天，這位「猶豫先生」到鄉間探親，路過一片蘋果園，滿目都是結實纍纍的蘋果樹，禁不住感歎道：「上帝賜予了一塊多麼肥沃的土地啊！」種樹人一聽，對他說：「那你就來看看，上帝如何在這裡耕耘吧！」

優柔寡斷的性格，使9號人格者常處在舉棋不定、猶豫不決的情境中，最終就像那位猶豫先生般一事無成。

9號人格者總是徘徊在取捨之間，無法定奪，往往使得本該得到的東西卻失去了，而本該捨去的東西，卻耗費了許多精力。若優柔寡斷到無可救藥的地步，便不敢決定種種事情，也不敢擔負起應負的責任。之所以如此，乃因9號人格者不知道事情的結果會怎樣——究竟是好是壞、是凶是吉。這種人常常擔心，今天對一件事情進行了決斷，明天也許會有更好的事情發生，以致對今日的決斷發生懷疑。因爲猶豫不決，很多美好的想望無法成型。

猶豫不決、優柔寡斷，是自己爲自己製造的仇敵，在它還沒有得到傷害你、破壞你的力量，限制你一生的發展之前，立刻將它根除。克服優柔寡斷，首先要正確地認識自己，認清自己的長處與短處，再具體決定做哪一件事、怎樣做，並做到揚長避短。克服優柔寡斷，還要懂得選擇與放棄，選擇自己的優勢所在，放棄不切實際的追求。對於已經選定的事情，應立即投入行動，只有這樣，才不會坐失良機。

趣味專欄

性格的成熟

榮格認爲，性格的發展、形成及變化，一直到成熟，與遺傳、環境等因素有著密切的關係。一般理論都傾向於，遺傳因素透過氣質和智力，影響人的性格。在遺傳因素的作用下形成的氣質，按照自己的活動方式，使性格具有獨特的色彩。例如，同樣是助人爲樂的性格特徵，多血質的人在幫助人時，動作敏捷、熱情溢於言表；黏液質的人則沉著冷靜、情感蘊涵在內心。因此，氣質影響性格的形成和發展速度。

不論兒童是由親生父母還是由收養或寄養家庭撫養，他們和親生父母之間，在智商上，總有較直接的關聯。榮格將此歸因於遺傳對智力的影響。智力對性格的形成，是有作用的，並在人的發展過程中顯示出來。人們運用自己的聰明才智，掌握相應的知識和技能，冷靜地審時度勢，使自己的行爲符合客觀規律，這樣就會促使自己勇於克服困難，在艱難險阻中，表現出自覺、大膽、果斷和堅毅等良好的性格特徵。因此，大凡政治家、發明家、作家、藝術家，雖然從事不同的職業，但他們都有高度發達的智力、創造力和優良的性格特質。

性格不但受遺傳因素的影響，更爲重要的是，環境是性格發展形成的決定性因素之一。環境的作用，主要是透過家庭、學校、社會活動以及工作實踐來產生效應的。

性格的成熟是相對的，絕對的成熟是不存在的。從人所處環境的變化來說，性格也有一定變化，除非受到較大刺激（如失戀、對自己重要的人發生意外、重大失敗或挫折等），一個人的性格一旦形成，基本上便穩定成型。

Part 6

提升人格魅力的禮儀必修課

一個人的魅力，不僅與外在形象有關，也與思想修養、道德品質和教育程度有關。換言之，一個人的魅力，既是一個人的「門面」，亦是個人內心世界和內在修養的展露。若要使自己長久地散發迷人魅力，必須完善性格，提高個人修養。

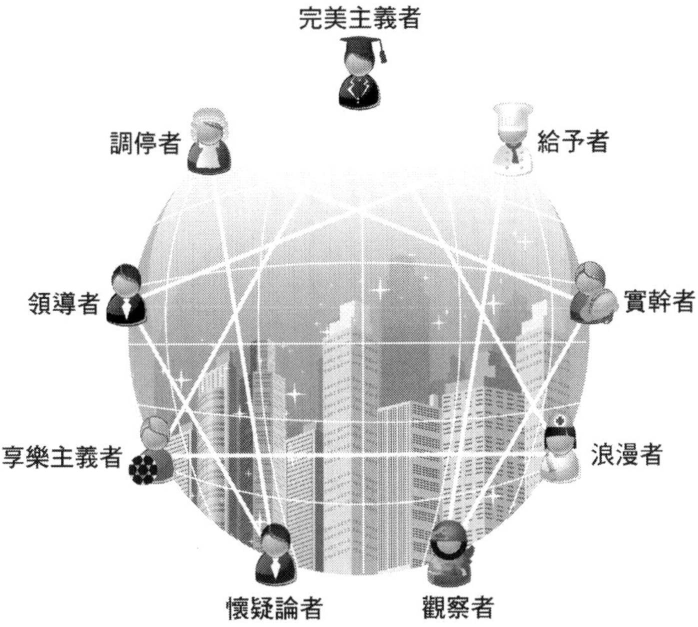

康德如何做到準時赴約

德國哲學家康德，是1號完美主義者的卓越代表人物，從他身上，我們可以看到完美主義者最耀眼的人格魅力——守時。

一七七九年，康德計畫到一個名叫珀芬的小鎮，拜訪老朋友威廉．彼特斯。康德動身前，寫信給彼特斯，說自己將於三月二日上午十一點之前抵達。

康德三月一日就到了珀芬小鎮，第二天早上，租了一輛馬車，前往彼特斯的家。彼特斯的家與小鎮相距十二英里，中間隔了一條河。當馬車來到河邊時，車夫回頭說：「先生，橋壞了，很危險，不能再往前走了。」

康德下了馬車，見橋中間確已斷裂，貿然過去很是危險。河面雖然不寬，但水很深。

「附近還有別的橋嗎？」康德焦急地問。

車夫說：「在上游六公里處還有一座橋，但從那裡走，要花費較多的時間，大概要十二點半才能到達農場。」

康德又問：「如果我們經過眼前這座橋，最快要多久才能到達？」

車夫回答說：「最快也得要三十分鐘。」

康德跑到河邊一座很破舊的農舍裡，客氣地向主人問道：「請問這間房子若要賣的話，打算賣多少錢？」

農婦大吃一驚：「我的房子這麼破舊，您買它做什麼呢？」

「不要問我做什麼，您願意還是不願意？」

「那就兩百法郎吧！」

康德付了錢，說：「如果您能馬上從房子上拆下幾根長木頭，二十分鐘內把橋修好，我將把房子還給您。」

農婦從沒遇過如此慷慨的人，對康德千恩萬謝，立刻把兩個兒子叫來幫忙修橋。

馬車平安地過了橋，十點五十分，康德趕到了老朋友的家。在門口迎候的彼特斯，高興地說：「親愛的朋友，您可眞守時啊！」

康德卻沒有提起爲了準時趕赴而買房修橋的事。

後來，彼特斯在無意中聽農婦講起此事，感慨地給康德寫了一封信。信中說道：「您太客氣了，還是一如既往地守時。其實，老朋友之間的約會，晚一些時間是無妨的，何況您遇到了意外呢！」

向來一絲不苟的康德，在給老朋友的回信中，寫了這樣的一句話：「在我看來，無論是對老朋友還是對陌生人，守時是應盡的禮貌。」

完美主義者相信，守時是言而有信、尊重他人的表現。

有的人因爲工作忙，接待客人的時間都被壓縮，談話不超過三分鐘，對於這樣的人來說，時間就是生命。完美主義者認爲，自己如果失約，就是虧待對方。自己沒到，別人卻在等你，這種等待是不公平的，是浪費別人的生命。假如自己因急事或意外事故，不能按預約的時間到達目的地，應該想辦法通知對方。爲了不影響別人的工作或其他安排，在約定時間的時候，也可採用彈性時間，比如說下午三點半到四點之間，如此一來，被約者也可安排一些其他的活動。

守時，也就是守住信譽。一個遵守約定、準時的人，必定是個言而有信的人，這樣的人，必然能贏得更多的信任與尊重。

接待客人有哪些禮儀

每個人都喜歡受人歡迎，所以，當家裡或公司有客人到來時，2號給予者總會面帶笑容、熱情接待、服務周到。

2號是某飯店的一名普通門房職員。在2號眼中，一個稱職的門房職員，一定要在第一時間內，滿足客戶的需求。

2號認為，稱職的門房職員應當做到以下幾點：

第一，要有時間觀念。客人的時間都很寶貴，讓他們等一分鐘，都造成極大的損失。

第二，如果有一個客人，在餐廳單獨用餐，應當向他打聲招呼，因為他可能很想家。

第三，要留意客人的真正需求。如有可能，一定要給他一點額外的東西。

第四，上班時要面帶微笑。你的心情會對同事產生影響，要把個人的麻煩留在家裡。

在工作中，2號給所有人留下樂於助人、精通業務、熱情好客、安全可靠的印象。他帶給客人賓至如歸的感受，更可貴的是，他往往是客人在離開時，接觸到的最後一個人，他為客人送行時，良好的服務態度，常常在客人心中留下深刻而持久的印象。

2號有一種非常難得的特質：能看出在某種情況下缺少什麼。

對於不同場合的客人，2號會以不同的禮儀來對待：

1.商務客人

（1）微笑。每個人都希望自己能給別人留下好感，這種好感，可以營造出一種輕鬆愉快的氣氛，可以使彼此結成友善的關係。一個人在社會上，是要靠這種關係立足的，而微笑正是打開愉快之門的金鑰匙。

（2）品貌端正、舉止大方、口齒清楚，具有一定的文化素養，受過專門的禮儀、形象、語言、服飾等方面的訓練。

（3）衣著整潔、端莊、得體、高雅。避免佩戴過於誇張或有礙工作的飾品，化妝應儘量淡雅。

（4）若是預約好的重要訪客，則依據其地位、身分等，安排相應的接待規格和方式。在辦公室接待一般訪客，談話時應注意少說多聽，盡量不要隔著辦公桌與來訪者說話。對來訪者反映的問題，作簡要的紀錄。

2.家庭來客

（1）迎客

迎接客人進屋時，主動協助客人放衣物，請客人在合適的位置就座；主動送上客人想喝的飲料、茶水；遞、接物品要用雙手。

（2）交談

主動、大方地與客人交談，不會拘謹、靦腆，讓客人感到像在自己家裡一樣。

（3）送客

客人要走時，禮貌挽留，說「您再坐一會」、「在這裡吃晚飯吧」、「再喝杯茶吧」，送客人一段距離後，說「再見」、「有空常來」。

總之，無論是生活還是工作，我們都要學習2號爲他人服務的精神和接待禮儀。

怎樣時時保持儀表整潔

很多人以爲形象不重要，只要周圍人認可自己的能力，瞭解自己的爲人，形象無所謂。事實眞是這樣嗎？下面我們來看個故事。

大學時，小美是同學眼中的花仙子，是男生魂牽夢縈的「夢中情人」。

時光飛逝，一轉眼畢業五年了。當小美出現在大學同學會時，大家都跌破眼鏡！當年的花仙子，今日卻……唉！

原來，大學畢業不久，小美就嫁人了。她每天忙家務、忙工作、帶孩子，長長的頭髮隨意用橡皮筋紮成一把，衣服隨便穿穿，也不打扮、不做臉，日子一久，小美的容顏就在不經意間被自己「摧殘」了。

人們總是否定以貌取人，卻也不得不承認，第一印象常影響著我們對一個人的看法與評價。所以說，要在社會上立足，「面子」不能不顧。儀容不整、形象邋遢的人，得不到他人的重視和信任。

就形象修飾來說，實幹者做得很好。他們的衣櫥中，掛滿了各式各樣的衣服，無論去哪種場合，總能找到合適的衣服。他們能把自己打造成符合任何文化標準所看重的形象。如果他們是衝浪教練，他們一定有漂亮的衝浪板，還有古銅色的完美膚色；如果他們是經理，他們就會穿得西裝筆挺，表現出迷人的領導風範。

實幹者認爲，要對方瞭解自己的優點，需要一段時間，而體現自我個性的裝扮，卻能散發出獨特魅力，給人留下良好的印象。

如何保持個人形象呢？可參考以下兩點：

1.留意你的穿著

留意你的穿著，並不是指穿上最流行、最時髦的衣服，而是指穿得乾乾淨淨、整整齊齊。至於衣服是新是舊，質料是好是壞，並不是主要問題。

許多大公司，對所屬員工的裝扮都有「規格」，不是規定要穿得多麼好看，而是讓人們觀感舒服。

2.注意細節

鞋擦過了沒有？褲管有沒有折痕？襯衣的扣子扣好了嗎？鬍鬚刮了？梳好頭了嗎？衣服的皺褶熨平了嗎？……。

這些細節需要多留意，整潔的著裝不用花大錢，但要處理小節。

衣衫不整、邋邋遢遢，是對他人的不尊重，也是對自己的不尊重。因此，爲提高自己的形象魅力，給他人留下良好印象，請開始投資自己的「形象工程」吧！

女士優先包括哪些內容

在九種人格中，浪漫主義者最有紳士風度。他們認爲，身爲男人，無論在任何場合、任何情況，都要在各個方面尊重、照顧、幫助、保護女士。遵從女士優先原則，不僅符合國際禮儀，也可以顯示男子的氣質與紳士風度。

一位4號人格者說：「每當在公共場所出入或乘坐電梯時，我很自然地會爲女士開門，讓她們先行。」

在4號人格者看來，那些在行爲舉止上缺乏優雅的人，極度缺乏個人修養。與他們交往，總是有一種不舒服的感覺，忍不住跟他們保持距離。

那麼，在4號人格者看來，女士優先包括哪些內容呢？

男女同行時，男子應走靠外的一側；不能並行時，男士應讓女士先行一步。

在門口、樓梯口、電梯口及通道走廊上遇到女士，男士應側身站立一旁，讓其先行。在需要開門的場合，男士應爲女士開門。

上樓梯時，女士走在前面，男士走在後面，下樓梯時相反。因爲上樓時萬一發生意外，男士可以設法保護走在前面的女士；而下樓時萬一自己滑倒，也不會殃及後頭的女士。

去電影院看電影時，同行男士應坐在最靠近走道的座位上，電影結束時，男士應站在走道邊等女士出來後，再一起走出電影院。如果電影結束時，因走道擁擠而不能並行時，男士應走在女士的前面。

在社交聚會場合，男士看到女士進門，應起身以示禮貌；當客人見到男、女主人時，應先與女主人打招呼。

用餐時，進入餐廳入座的順序是，侍者引道，女士隨後，男士「壓陣」。一就座，女士不必再起身與別人打招呼，而男士則需起身與他人打招呼。

點菜時，應先把點菜單遞給女士。

出席晚會或宴會時，同行男士應先給女士找好座位，並等女士坐下後再入坐。如果沒有專人服務，男士就該爲女士拉出椅子，等她站在椅子前，再把椅子稍稍往前移，直至女士坐定。

男士和女士一同上車時，男士應上前幾步，爲女士打開車門；下車時，男士應先下來，爲女士拉開車門。在乘坐公車時，看到年長或體弱的女士，應主動讓座；聚會時，女客人進入聚會場所，先到的男士應站起來迎接；和女士一起外出，應主動協助拿一些沉重的東西。

為什麼5號討厭不速之客

無論是公事還是私事，沒有預約就突然到訪，不但容易讓自己撲個空，還很容易給對方造成麻煩。

在這方面，5號觀察者做得很好。他們喜歡按計畫行事，若有不速之客駕到，打亂行程，就會變得異常煩躁，所以他們拜訪其他人時，總會提前向對方打招呼。

在有關做客的諸項禮儀中，向所要拜訪的主人提前打個招呼，是首要的要求。除此之外，我們還要做到以下幾點：

1.儘管對方說：「有空來玩。」但是不事先聯繫就登門拜訪，也是違反禮儀的。

2.提前預約，能讓主人事先預備，好好接待客人。

3.拜訪的時候，一般要提前二～三天致電徵詢。即便是順道來訪，想臨時見面，也要電聯確認對方是否方便。

4.去別人家裡拜訪時，必須注意時間，特別要留意吃飯時間。早上的拜訪，應在十一點之前結束，如果太早，就會和早餐發生衝突；如果太晚，又會卡到吃午飯的時間。如果臨近中午，最好選在十點半至十一點之間。超過十一點半的拜訪應當避免。

傍晚時，過了五點，一般家庭都會開始準備晚飯，因此最遲應在下午四點左右抵達，並在五點之前離去。

5.萬一中途發生意想不到的事情時，預料可能遲到，或必須取消會面，應儘早與對方取得聯繫，以便重新約定見面時間，並且對於這一變化，讓對方儘早做出調整。

微笑的魅力何在

現實的工作、生活中，若一個人總以懷疑的眼光盯著你，另一個人則對你面帶笑容、溫暖如春，他們同時向你請教工作上的問題，你比較歡迎誰？顯然是後者。你會毫不猶豫地，對他知無不言、言無不盡，而對前者，恐怕就恰恰相反了。也許你會想：難道他在質疑我的能力？

一個人面帶微笑，遠比穿著一套高級、華麗的衣服更吸引人，也更容易受到歡迎。微笑是一種親和、一種接納，它縮短了彼此的距離，使人與人之間友善連結。常保微笑的人，往往更容易與人交流、往來。難怪學者們強調：「微笑是成功者的先鋒。」

微笑有種神奇的魔力，能清空憂慮，讓快樂瀰漫心房。有時，僅僅是一個微笑，就能化解僵局，還能滋生情誼。所以，常常微笑，別人看到的你，也是親切溫和、自信而充滿魅力的。

對6號人格者而言，學會微笑並不難，只要嘗試以下方法，就能漸漸消除自己對他人的疑慮：

1.微笑要發自內心，才是情感的眞實流露。

2.微笑要自然適度，指向明確，有時要與語言相結合。例如，微笑的同時，可以說聲「你好」。

3.微笑要注意場合，掌握分寸，不要在不該笑的地方笑。

4.別把譏笑、嘲笑與微笑混為一談。無論什麼時候，都不該譏笑或嘲笑他人。

如何恰當地參與他人的談話

隨便打斷別人說話或中途插話，是失禮的行爲。但7號性格者有著這樣的陋習，結果往往在不經意間，就破壞了自己的人際關係。

7號總是在別人津津有味地談論著某件事時，正說到興頭上，冷不防地半路殺進來，讓別人猝不及防，不得不偃旗息鼓而退。他們不會預先告訴你，說他要插話了。他插話時，有時會不管你說的是什麼，就將話題轉移到自己感興趣的方面去，有時是代替你把結論說出，還得意揚揚地炫耀。無論是哪種情況，都會讓別人頓生厭惡之感，因爲隨便打斷別人說話的人，根本就不知道尊重別人。

培根曾說：「打斷別人、亂插話的人，甚至比發言冗長者，更令人生厭。」打斷別人說話，是一種無禮的行爲。但是在社交場合中，要想提高自己的影響力，就必須插話。

如何恰當地參與他人的談話，並表達出自己的觀點？7號需掌握以下技巧：

1.發言適時

發言要善於見縫插針，首先要抓住交談節拍。抓住節拍，插話就顯得協調、合拍，就等於駕馭了交談的局面。其次要把握時機，等別人把話說完後，在交談的空隙處及時發話。

2.恰當自然

交談是多邊的交流活動，作爲談話中的一員，談話內容應順應統一話題，不宜岔開話題，兀自彈琴。插話可以從前面的談話中，抓住一點作爲源頭，將別人的話做一小結，然後發表自己的意見，把話題推向實質性階段。

3.以商談的口氣

插話應以交換意見的語氣進行，談自己的見解，多用「我以爲」、「我覺得」等詞語，可以增加交談的探討氣氛。

4.觀點獨到

插話應選擇獨特角度，發表獨到的見解，力求給人耳目一新的感覺。插話能激起大家的興趣，並把話題引向縱深，才能給人以深刻的印象。

你戴著有色眼鏡看人嗎

8號保護者，總是戴著有色眼鏡看人，對自己喜歡的人十分看重，無論對方做什麼，他都認爲是對的；而對自己看不慣的人，則不屑與其交往。

「佳佳，咱們去叔叔那兒買點水果。」媽媽帶著女兒下了公車後，指著不遠處的水果攤對女兒說。

「媽媽，爲什麼您每次都要到這兒來買水果呢？咱們社區門口就有水果攤，從那兒買多方便呀！」

「佳佳，天快黑了，那位叔叔在這兒賣水果挺不容易的，走，咱們一起去。」

「我不去！」

「爲什麼？」

「我討厭他，聽珍珍說，這個人以前是小偷，他坐過牢。」

「那位叔叔以前的確做過壞事，但他現在已經改過自新了，你應該尊重他，怎麼能對人貼標籤！」

「媽媽，我爲什麼要尊重他呢？」

「佳佳，你可以不喜歡很多人，但你一定要尊重所有人。就像你不喜歡社區打掃的阿姨，抱怨她們身上沾滿灰塵，但你想過沒有，她們身上沾滿灰塵，卻換來了社區環境的整潔、乾淨，所以你沒有理由不尊重她們。同樣的道理，那位叔叔在這裡賣水果，能方便很多人，而且他現在是自力更生，你又有什麼理由不尊重他呢？」

聽完媽媽的一番話後，佳佳知道自己錯了，和媽媽一起來到水果攤前，禮貌地說：「叔叔，我們買水果。」

「好的，你們挑吧。」

買完水果，臨走之前，佳佳禮貌地說：「叔叔，再見！」

「小朋友，再見！」賣水果的中年人熱情地說。

不管是喜歡的人，還是不喜歡的人，都應該尊重他們，這是人和人之間來往時最基本的準則。我們可以不喜歡某個人，但沒有理由不尊重他，除非他是一個品德敗壞的人。

當你發現自己戴著有色眼鏡看人時，可以這樣提醒自己：

1. 喜歡與尊重是兩個不同的概念，你可以不喜歡很多人，但你一定要尊重所有人。

2. 尊重他人是一種美德，尊重是人際往來的前提。

3. 除了要尊重家裡的長輩、學校的老師、親戚朋友，還要尊重那些爲我們提供各種服務的人。不管他們從事什麼工作，我們都應該對他們表示尊重。

如何禮貌地傾聽各種批評與指責

人人都希望有一個傾聽者，也希望別人瞭解自己，但是，如果兩個人都希望傾訴和被瞭解，卻沒有一個人願意去成為聆聽的一方，這樣，兩個人就很難達成共識。認識到這點的9號，常常成為一個傾聽者，其中也包括他人的批評和指責。

玫琳凱在《玫琳凱談人的管理》一書中，對傾聽提出如此見解：「我認為不能聽取別人的意見，是自己最大的疏忽。」玫琳凱經營的企業能夠迅速發展壯大，其成功祕訣之一，是她重視每個人的價值，而且很清楚知道，員工除了需要薪酬、職位外，還需要一個真正能「傾聽」他們意見的知心人。因此，她嚴格要求自己，並且讓所有的下屬銘記這條金科玉律：傾聽，是最優先的事，絕對不可忽視傾聽的力量。

傾聽各種批評與指責時，9號人格者認為：

1.聽取別人意見的時候，不是一味地服從，不是別人說什麼，你就要做什麼，而是要有自己的判斷，從中選擇正確的意見。

2.當別人向你提意見的時候，應該用眼睛望著對方，認真傾聽，不時地點頭微笑，必要時最好用紙筆記下來。

3.若是覺得別人的意見不對，也要聽對方把話說完，明白對方的意思，然後再把自己的想法表達出來。

4.聽取別人的意見，不一定是你最崇拜的人，可以是你的父母、親友、同事等。

趣味專欄

禮儀之道需要發於心，形於外

基本的禮儀原則：一是敬人；二是自律，就是在往來過程中，要克己、愼重、積極主動、自覺自願、禮貌待人、表裡如一，自我對照、自我反省、自我要求、自我檢點、自我約束，不妄自尊大、口是心非；三是適度，適度得體，掌握分寸；四是眞誠，誠心誠意，以誠待人，不逢場作戲，言行不一。

禮儀能夠讓人們在人際往來中，建立良好的形象，內容十分豐富，包括禮貌、禮節和儀容、儀表美幾個部分。如儀表整潔大方，待人有禮貌，談吐文雅，舉止端莊，衣著得體，尊重他人等。總之，只有自己的儀表舉止合乎文明禮儀，才能使人樂於與你親近，人與人之間的關係才會趨於融洽。

禮儀能夠融洽人際關係。懂禮儀、有禮貌、知禮節，能讓對方感受到被尊重，也同理回饋，自然能夠爲人際關係加分。

禮儀的不同形式就是各種「溝通語言」，它比一般的溝通語言顯得更高雅、含蓄，更容易讓人接受。

Part 7

人格養生堂

現代人總把「忙」字掛嘴邊。朝九晚五的上班族，在終年開空調的密閉空間內，在格成豆腐塊的座位上，一臺電腦，一大堆檔案，總有做不完的事情。由於工作緊張、人際關係淡漠等因素的影響，導致人們的身心壓力越來越大，經常處於不健康的狀態。

在生活和學習中，自己覺得不堪重負的時候，應當運用「減法」，減去一些自己不需要的東西。有時候簡單一點，人生反而會更踏實、更快樂。

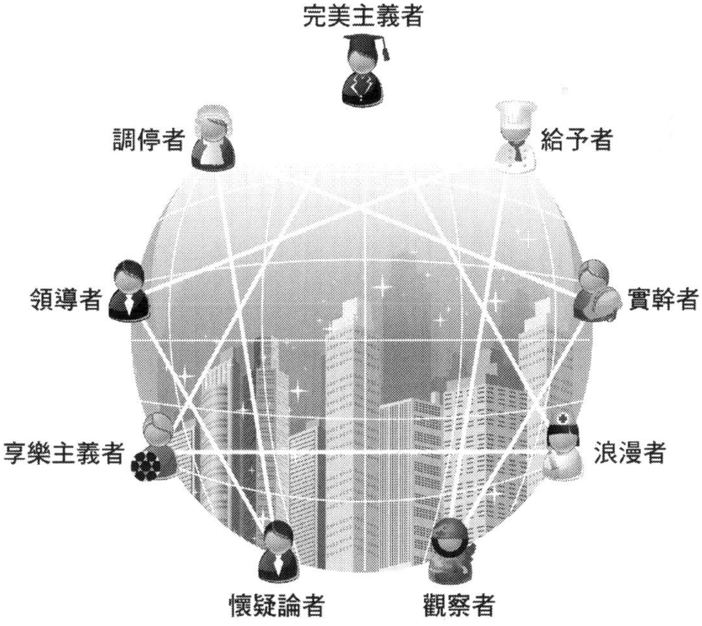

「睜一隻眼，閉一隻眼」的養生之道

1號講究完美，凡事求全，遇到一點事，就以爲是多麼了不起的大事，甚至以爲大難當頭，不可收拾，結果常常使自己處於焦慮、恐慌之中。

對此，心理學家建議，1號人格者對非原則性的、不中聽的話或看不慣的事，可以裝作沒聽見、沒看見，不去計較。這種「小事糊塗」的做法，既可消除矛盾，又可使緊張的氣氛變得輕鬆、活潑，還對身心健康有益，這就叫做「難得糊塗」。

其實，人們日常生活中的許多糾紛，泰半由一些雞毛蒜皮的小事引起，聰明的人在處理這類糾紛時，常常採取視而不見、糊塗處之的態度，小事化無，矛盾也隨之化解。倘若過分熱衷於弄清楚誰是誰非，一味地斤斤計較，或只顧發洩心中的怨恨，結果使矛盾激化，對身心健康也是有害無益的。

由此可見，人們在處理某些感情衝突時，在適當的情況下，「糊塗」是有效的，尤其是處於困境或遭遇挫折時，糊塗更能發揮功能，它會幫助你消除心理上的痛苦和疲憊，甚至跨過鴻溝。糊塗，也是樂觀主義精神的一種體現。

當然，這裡所說的糊塗，絕非事事糊塗、處處糊塗。若對大是大非，不分青紅皀白、不講原則，那就成了眞正的糊塗蟲了。在生活中，要「抓大放小」，大事明白，小事糊塗，能使你常保心胸坦然、精神愉快。

你會不假思索就答應他人請求嗎

2號給予者為了得到更多的關注，往往對別人提出的請求，不假思索就答應下來。對於付出便要求回報的2號來說，當他們為自己的付出，貢獻的力量越大、費的周折越多時，心裡對別人回報的期望值也越高。當這個期望得不到滿足，他們心裡的疙瘩就生出，而且如影隨形、揮之不去，結果，長期處於壓力之下，連帶影響了健康。

1.壓力太大，會引發精神上的疾病（如抑鬱、不健康等），其表現是情緒低落、悲觀、失望、後悔，過去很感興趣的事情，現在提不起勁來，不願見人，把自己封閉起來等。

2.嚴重的精神壓力，會引發身心疾病，如高血壓、糖尿病、冠心病、消化道疾病等病症。

3.壓力過大，最大的危害是造成免疫系統失調。研究證實，極端和長期的壓力，會降低血液中的血小板，因而使人容易受到疾病侵襲。例如，肺炎疫苗在長期壓力下，會失去免疫的效果。

4.壓力大會損傷大腦。壓力大的人，常常感到精神緊張或失眠，同時大腦無法正常運轉，會出現劇烈的頭痛、記憶力喪失等不適症狀。隨著激素在身體內的急劇上升，會使人的大腦出現問題。

2號長期承受超負荷的壓力，會耗損元氣和自癒力，中醫上很早就有「抑鬱成疾」、「氣滯血淤、肝氣不舒」等說法。所以，醫學專家建議，2號在幫助別人時要量力而行，這是減輕心理壓力、修身養性的最好方法。

誰最容易不健康

在九型人格中，奉行工作至上的3號實幹者，最容易出現不健康的狀態。

其實，人生就像是一趟沒有回程的旅行，如果腳步太過匆忙，就會錯過很多美麗的風景。對於實幹者來說，放慢腳步，享受生活，是他們最需要學習的人生哲學。

美國詩人惠特曼說：「人生的目的，除了享受人生外，還有什麼呢？」

林語堂也持同樣的看法，他說：「我總以爲生活的目的，即是生活的眞享受……是一種人生的自然態度。」

生活本是豐富多彩的，除了工作、學習、賺錢、求名，還有許許多多美好的東西，值得我們去享受：可口的飯菜，溫馨的家庭生活，藍天白雲，花紅草綠，飛濺的瀑布，浩瀚的大海，雪山與草原……此外，還有詩歌、音樂、沉思、友情、談天、讀書、運動、喜慶……。

我們說享受生活，不是說要去花天酒地，也不是要去過懶漢的生活，吃了睡，睡了吃，這樣的「享受生活」，其實是糟蹋生活。享受生活，是要努力豐富生活的內容，努力提升生活的品質。愉快地工作，愉快地休閒，散步、登山、滑雪、垂釣，或是坐在草地、海灘上曬太陽。在進行這些活動時，使雜務遠離，使煩憂消散，使靈性回歸，使感情凝聚。用喬治·吉辛的話說，這是一種「靈魂修養的生活」。

許多人會工作、會學習，但還不會眞正享受生活，這不能不說是人生的一大遺憾。學會享受生活吧！眞正領會生活的詩意、生活的無窮樂趣，這樣我們工作起來、學習起來，也就會感到更有意義。不要太過計較得失，也不要總讓自己那麼辛苦、勞累，人的生命只有一次，除了努力打拼之外，也要學會休息與享受。這一點，3號確實應該向7號享受主義者取經，互補優勢，不要讓自己的腦神經繃得太緊，放輕鬆，體會生命的美妙與生活的悠閒。

4號最易患哪種病

「如果我能採取另一種方式……」

「如果我能再有一次機會，那就好了。」

浪漫主義者的腦袋，反覆出現「如果」這個詞。他們總是在哀悼生活中失去的東西，他們的思想都被這種悲傷情緒所籠罩，以至於很難去關注眼前更要緊的事情。

適度懷舊是正常的，但是一味地沉湎於過去，而否定現在和將來，就會陷入病態。患了這種懷舊病的人，會喪失追尋新生活的自信。我們常聽到人們如此哀歎：「要是當初××就好了！」這種沉重的情緒是徒勞無益的，不但不能改變過去，反而會影響現在所做的一切。

那麼，怎樣做才能讓自己避免患上懷舊病呢？最重要的就是轉變重點，用振奮的詞句，取代那些令人退縮的洩氣話。例如，不要再用「如果」、「只要」，而用「下次」來代替。

因爲「如果」、「只要」的態度，只能使人遲鈍，不能使人振奮，而「下次」卻反映出積極、勇敢的出擊態度。排除懊悔消極，樂觀進取，你就會擁有把事情做到最好的心態，而且不論什麼挫折，都不能夠阻礙你前進。

做完一天的事，就讓這一天過去吧！你已經盡了全力。當然，你可能做了一些錯誤的、荒誕的事，但是不要陷在追悔過去裡。明天又是新的一天，要以飽滿的精神來面對，新的一天就在眼前，是你可以掌握的。這一天充滿著新希望和新的事物，你一刻都不能浪費。

過往或許是美好的，或許是悲哀的，但是不適合把它們擺在第一位，因爲你不可能回到從前，重新開始。

觀察者養生祕訣：獨處亦養生

「一個人靜靜地待著，少一些浮躁，多一些理智和逍遙，讓疲勞的身體暫且安歇，得到片刻小憩，更是讓疲憊的心靈得到片刻的寧靜。此時，輕放一曲柔和的音樂，獨飲一杯香茗，周圍的寧靜，讓心靈暫且擺脫煩瑣的糾纏，有的只是輕柔美妙的音樂和淡淡的茶香。」

這就是5號觀察者的減壓祕訣——獨處。

觀察者認為，生活在紛擾喧囂的世界，人人都需要有自己獨處的空間，隨時放飛自己的心靈，什麼都可以想，什麼都可以不想。獨處時，可以回憶過去、憧憬未來；可以構思一篇作品、品讀一本好書；或躺在高背椅上，閉上眼睛，置身自己的天地；或聽著優美的音樂，吃著喜歡的零食；或一杯淡淡的清茶，任舒緩輕柔、晶瑩剔透的旋律漫過心田……身心徹底放鬆，才能使自己充滿活力。

獨處往往被解讀為孤獨內向，其實不然，獨處本身也是一種美，它不同於孤單寂寞、憂鬱哀怨，它是一種輕鬆的、淡淡的、靜靜的美。

獨處，並非要求某人待在一個地方故作沉思，而是要與心靈展開對話。這樣，即使身處鬧市，親朋圍坐，一樣可以享受到獨處的樂趣。

哲學家馬卡斯．奧里歐斯說：「人們為自己尋找棲身之所：鄉間、海邊、山上的房子，你們也一定非常希望得到這些房子。殊不知這是浮於表面的做法，因爲無論何時，你想離群獨處時，其力量是在你自己手上。一個人想退到更安靜、更能免於紛擾的地方，莫過於進入到自己的靈魂中，特別是沉潛在平靜無比的思緒中。我敢肯定地說，除了寧靜是心裡的最好狀態外，別無他物。所以，回歸心靈，重整你自己吧！」

相信每個人的內心，都有一處恬靜之地，不受外物擾動，像輪軸的中心點一般，永遠保持固定不動。我們所要做的，就是去發掘這個內心安靜的中心點，並且定期退到裡面去休息、靜養、重整活力。

為什麼懷疑論者常出現「心衰」症狀

心理學家研究發現，敏感多疑的人，常使自己處於憂心、焦慮的心理狀態中，總擔心成爲被害人，並不斷給自己施壓，以至於終日處於緊張、焦慮的狀態之中，最終導致心理負擔，自信心喪失，出現種種「心衰」症狀。

這種「心衰」，並非生理上所說的心力衰竭，而是一種心理衰老的徵狀。懷疑論者敏感多疑的性格，往往是由於個性好強、固執刻板、因循守舊、性格內向、心胸不夠寬廣、看問題缺乏靈活變通的思路和方法，並以「想當然爾」的態度，去觀察周圍的人和事所致。

過於敏感的人，總是在負面的心理暗示作用下，懷疑自己疾病纏身，或處於一種驚恐不安和消極的狀態中。如果不能及時地調整心態，長期處於這種「心衰」狀態中，將會降低人體的免疫力，影響人體健康。

醫學專家建議我們在日常生活中，要用平常的心態和信任的眼光，看待周圍的人和事，不要總覺得時時處處都有人在盯著你，認爲別人在與你作對，把小事看得過大，或把自己幻想出來的恐懼當眞，以免給自己找麻煩，爲自己增添不必要的心理壓力。

快樂修行十法

爲什麼享樂主義者多長壽呢？近代養生家丁福祿的見解頗爲精妙：「歡笑能補腦髓，活筋絡，舒血氣，消食滯，勝於服食藥耳，每日須得片刻閒暇，逢場作戲，笑口常開，而益身體也。」他十分具體地指出，歡樂的情緒可以調節中樞神經，使經絡通暢，血氣舒展。

悲觀會破壞免疫功能。情緒不僅是一種心理體驗，也是一種物化過程。悲觀不僅會造成代謝功能的失調，如心率、血壓、消化功能的紊亂，而且會破壞內分泌系統，或降低免疫功能。而樂觀會使生病的人忘記痛苦，甚至延長壽命。

並非人人都是享樂主義者，即使是7號，也並非每時每刻都感到愉快。那麼，應該如何培養樂觀心態呢？不妨試試以下方法：

1.體會成功的喜悅。成功是培養樂觀情緒非常有效的手段。

2.要有一個心理安全帶。凡事都應設想一下可能出現的最糟糕的結果，並制訂出應變計畫，以便到時從容不迫地應對。

3.多與有成就者和樂觀者交往。

4.利用鏡子，露出開心的笑容，挺起胸膛，深吸一口氣，然後唱一小段歌，如果不能唱，就吹口哨，若是你不會吹口哨，就哼哼歌，記住自己快樂的表情。

5.堅持微笑待人。

6.善用幽默。幽默能化解衝突，轉換情緒，可以從容應付許多令人不快、煩惱甚至痛苦、悲哀的事情。

7.正確對待消極念頭。出現消極念頭時，不要急於擺脫，接受它，並用下一項工作來克服它。

8.保持良好的身體狀態，多運動。

9.注意修飾外表。

10.多參加有益的社交活動。

領導者如何去掉「熊貓眼」

8號領導者希望能夠預測和控制自己的生活，但是遇到挫折時，自身的能力與智慧如果無用武之地，他們就會感到厭煩和枯燥。

對有些人來說，感到厭倦時，或約三五好友聚聚，或獨自一人看場電影，或者出去旅行，而領導者如果感到厭煩，就會採用「夜生活」的方式來打發無聊。例如，瘋狂工作，直到疲勞過度；徹夜狂歡，直到曲終人散，依然不願離去。

也許精疲力竭使領導者的生活充實，心中感到滿足，但一個人的精力有限，大量的透支勢必影響健康。眞正關心自己的人，懂得養精蓄銳的道理。

德國哲學家康德活到八十歲，在十九世紀算是長壽老人了。醫生對康德的生活方式讚賞有加：「他的全部生活，都按照最精確的天文鐘，做了估量、計算和比擬。他晚上十點上床，早上五點起床，接連三十年，按表操課。他七點準時外出散步，哥尼斯堡的居民都按他的行動來對時。」據說，康德出生時身體虛弱，青少年時期常生病。後來他力行有規律的生活，按時起床、就餐、運動、寫作、午睡、喝水、排便，形成了「動力定式」，身體機能改善。生理學家也認爲，每天按時作息、生活規律，能使人精力充沛；每天定時進餐，有助消化系統運作；每天定時排便，能防治便祕；甚至每天定時洗漱、洗澡等，都可形成「動力定式」，從而使生理時鐘「準時」。

養生專家認爲：人體的一切生理活動都是起伏波動的，有高潮也有低潮。人體內有一個「預定時刻表」，在支配著這些起伏波動，養生專家稱之爲「生理時鐘」。人體血壓、體溫、脈搏、心跳、神經的興奮抑制、激素的分泌等，一百多種生理活動，是生理時鐘的指針，反映身體機能的運作狀態。「生理時鐘」準點，是健康的保證，若「誤點」，則是虛弱、疾病、早衰、夭折的禍根。

作息規律，意味著要順應人體的生理時鐘按時作息，有勞有逸；按時進餐，不暴飲暴食；適應四季，順應自然；戒除不良嗜好，不傷人體功能；尤其要有足夠的睡眠，也要養成運動的習慣。

有句話說得好：「從一點一滴的小事，可以看見一個人未來的發展。」一個人要成就一番事業，沒有好習慣是不行的。作息規律，有助於在學習時集中精力，從而提高學習效率。因此，生活有規律，對學習、工作和保護神經系統以及身心健康，都很有益處。

收藏的是物品，更是快樂

有的人喜好作詩繪畫，有的人喜好品茶，有的人喜好爬山、養寵物、游泳。9號調停者與眾不同，喜愛收藏，從書報到昆蟲、貝殼、石頭以及郵票，你能想到的和想不到的，他們都會收集。港星古天樂就是一位收藏家。

作為玩具發燒友，古天樂收藏的玩具琳琅滿目，甚至真人大小的鹹蛋超人、蝙蝠俠，市面上難覓的限量版玩具公仔，在古天樂的玩具王國中，都可以見到它們的身影。

童心未泯的古天樂，不僅熱衷於收藏玩具，就連做慈善，都離不開這一興趣愛好。身為聯合國兒童基金會香港委員，出席活動時，不僅呼籲大家多關心兒童問題，還親手設計玩具，討小朋友歡心。他更把自己收藏玩具的心得，寫在《玩具大戰》一書中，並在其中展示大量的私人藏品。

古天樂認為，收藏玩具不是用價錢能衡量的，看到一些玩具，會想起許多童年回憶，很有紀念價值。

9號調停者一旦被某種物品所吸引，他們就會進行全面研究，不會放過任何一個收藏物件。然而，收藏是門學問，尤其是收藏貴重的、有歷史和文化價值的物品時，需要細細斟酌、謹慎決定。

趣味專欄

生活需要放慢節奏

有的人一天到晚忙得不可開交，根本沒有時間放鬆和休閒；有的人則悠閒自得，成天無所事事。性格不同，生活的態度、生活的方式也大相逕庭。在九型人格中，3號是工作狂，他們大部分的時間和精力，都投放在工作上；1號爲了將事情做對、做好，也常常讓自己不堪重負；8號事業心強，好領導和控制；而2號和9號則屬於「瞎忙」的類型，常常忙得團團轉，卻不知道自己在忙什麼；7號和4號則很少出現風風火火的生活狀態，而是更講究情調和享受，喝喝茶、聽聽音樂、睡個懶覺、約朋友去郊區玩……常常是他們熱衷的活動。

心理學家認爲，過於緊張和忙碌的生活，容易使人的壓力得不到釋放，情感得不到滿足。長期處於這種狀態下的人，心理會變得浮躁，感情變得空洞。過量的工作和快節奏的生活，也會嚴重危害人們的健康，還有可能導致「過勞死」。

所以，在九型人格中，1號、3號和8號，特別需要調整自己的生活節奏，學會放慢生活的腳步。這幾種類型的人，都應該反思：我們每天這樣忙忙碌碌，究竟爲了什麼？如果連最基本的健康都不能保證，工作和生活還有什麼意義呢？我們總是做那個和時間賽跑的笨蛋、被責任感驅使的陀螺，經常掉進完美主義的陷阱，以至於透支生命，以健康爲代價。若沒有健康的身體，賺再多的錢、做再大的官都毫無意義。

約翰．藍儂曾說：「當我們正在為生活疲於奔命的時候，生活已經離我們而去。」心理學家表示，許多都市人，在高速的工作節奏中，感到精神疲憊、空虛感，主要是因為他「吝嗇」拿出時間，來進行心理上的自我整理，因而越來越不清楚自己真正想要的是什麼，進而迷失生活的具體目標和生存的意義。

「慢活」的態度，讓人們有更多的時間品味生活、豐富閱歷，從而達到減壓的目的，還能讓身體的運轉更正常。如果一個人長期處於緊張狀態中，身體就會習慣這種狀態，一旦緊張因素消失，對身體來說，就是一種反常現象，腎上腺素大量減少，使器官失控，導致各種疾病。慢活鼓吹在工作之餘，有機會就慢下來，正是一種循序漸進地改善生活、促進健康的好辦法。

慢活最實用的九大方法：慢吃、慢睡眠、慢工作、慢運動、慢讀書、慢休閒、慢音樂、慢社交、慢情愛。我們現在應該「節奏慢下來」、「效率提上去」、「心態平下來」、「健康升上去」。慢活追求的最佳心理狀態是「工作再忙，心不忙；生活再苦，心不累」。讓自己的生活節奏慢下來，這對提高生活品質、維護健康和預防疾病，都有正向的影響。

Part 8

九型婚戀書

兩個陌生人，因為情投意合走到了一起，卻因性格差異時有爭執。一位美國婚姻家庭問題專家指出，如果伴侶之間能時時培育愛情的沃土，如果雙方能及早察覺危險的信號，並加以排除，那麼其中多數人就能防患於未然。所以，婚戀中懂得體諒、懂得感恩、懂得為對方著想，做經營自己愛情的高手，才能使愛情長久。

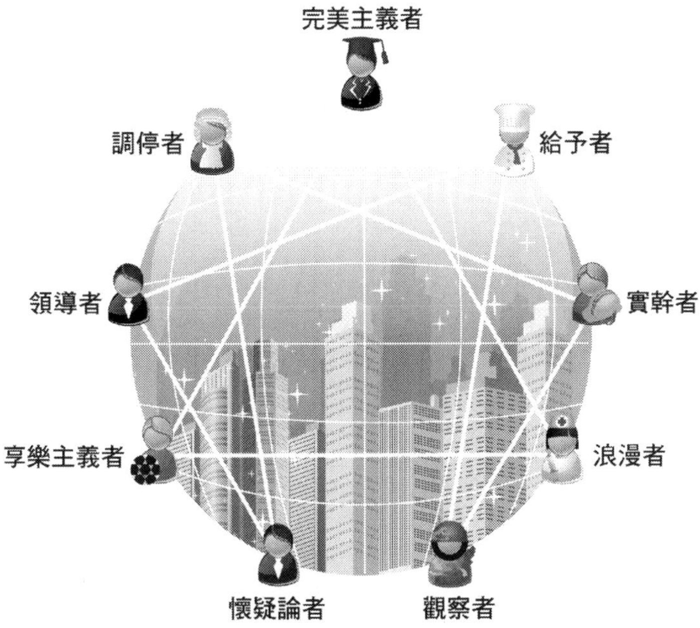

如何擁有一段完美的婚姻

完美主義者總在尋找最完美的愛情、最完美的伴侶，於是，他們把婚姻當成一把雕刻刀，時時刻刻都想用這把刀，按照自己的要求去雕塑對方。爲了實現這個理想，在婚姻生活中，他們努力改進對方，改變以往的習慣和言行，以符合自己心中的理想形象。但有誰願意被雕塑成一個失去自我的人呢？於是，「個性不合」、「認知差異」就成了雕刻刀下的「成品」，離婚就成了唯一的路。

「這個世界上沒有完美的人，你不是完美的，我不是完美的，但重要的是，我們能否完美地走在一起。」正由於每個人都不是完美的，婚姻中才會出現各種摩擦，不經意間就會磨損感情。夫妻之間應該講求互相，適當做出讓步，讓兩個本不完美的人，攜手經營一段完美的婚姻。

加拿大的魁北克，有一條南北走向的山谷。山谷沒有什麼特別之處，唯一引人注意的是，它的西坡長滿松、柏、女貞等樹，而東坡只有雪松。

這一奇異景觀是個謎，許多地質學家紛紛投入研究，卻始終找不到答案。揭開這個謎的，竟是一對普通夫婦。

那是一九八三年的冬天，這對夫婦的婚姻正瀕臨破裂邊緣。爲了重修舊好，他們打算來一次浪漫之旅，如果雙方都有心，就留住婚姻，如果不能，就和平分手。來到這個山谷的時候，下起了大雪。他們架起帳篷，望著滿天飛舞的大雪，發現由於特殊的風向，東坡的雪總比西坡的雪來得大、來得密。不一會，雪松上就落了厚厚的一層雪。當雪積到一定的程度，雪松那富有彈性的枝丫就會向下彎曲，直到雪從枝上滑落。這樣反覆地積、反覆地彎、反覆地落，雪松完好無損。可其他的樹因沒有雪松那樣的韌性，樹枝被壓斷了。西坡由於雪小，有些樹挺了過來，所以西坡除了雪松，還有松、柏和女貞之類。

帳篷中的妻子目睹此景，對丈夫說：「東坡一定也長過其他樹，只是不會彎曲，才被大雪摧毀了。」丈夫點頭稱是。不久，兩人像突然明白了什麼似的，緊緊擁抱在一起。

對於婚姻的壓力，要盡可能地承受，承受不了的時候，試著彎曲一下，像雪松一樣，讓一步，這樣就不會被壓垮。彎曲不是倒下和毀滅，它是一種懷柔藝術。該彎曲的時候不肯低頭，婚姻也就容易觸礁。不要去苛求對方是完美的，因爲你也不是完美的，向他（她）低一下頭，你們的婚姻自會有一番風景。

探究2號的「泡妞」祕笈

有位香港女作家，與內地某男士喜結良緣。她曾經宣稱，這位男士是追她的男性中條件最差的，但爲什麼是他雀屏中選？

事情要追溯到幾年前，她首次赴上海，去洽談自己的小說授權事宜。一次晚宴上，兩人初遇，男士深爲女作家的風采所著迷，晚宴結束時脫口而出：「我可以追求你嗎？」

她當時未予理會，只當成是一句玩笑話。未料，男士眞的展開猛烈攻勢，每日一早，即在她下榻的酒店「站崗」。

此舉讓女作家感覺如遇「恐怖份子」，不敢踏出酒店一步。男士還不斷以電話「騷擾」女作家，並直言：「如果再不露面，便要通知你的所有朋友，昭告天下我要追你。」

不久，她離開上海後，男士仍發動電話攻勢，緊追不捨。

女作家說：「只要我活在地球上一天，似乎都無法逃出他的手掌心。」最終，女作家被那位男士的執著打動了。

故事中，男士具有明顯的給予型人格。這類人一般說來，不顯山不露水，但在戀愛上，他們成爲不斷衝鋒陷陣的猛將，絕不輕言放棄。愛情道路再曲折，他們都會不屈不撓。

有人總結說，2號戀愛的訣竅在於「猛攻」。沒錯，只要把握時機，果斷地發動強勁的攻勢，女人就很難招架。

曾經有人形容說：「戀愛就像蹺蹺板，男人熱時，女人冷，男的死心，女的就積極，彷彿是海邊與浪嬉戲的少女。」所以，在男人巨浪般的衝擊下，女人愛情力學上的平衡就會遭到破壞，致使女人心中動盪不定。

女人對這種攻勢是氣憤的，甚至她會發出歇斯底里的拒絕：「有夠厚臉皮，眞叫人討厭！」但在對方鍥而不捨下，她就會想：這傢伙還眞有心，眞拿他沒辦法，也許是眞的愛我愛得很深！

賽凡提斯曾借唐吉訶德的口，說過這樣的話：「露骨地求愛，在女人看來，未必不是件愉快的事。並且不論這個女人多麼冷淡，即使嘴上說著討厭得要死，也會在心底深處，留下對愛她的人的疼惜。」

所以，給予型男人猛烈的炮火，是女人所招架不起的，大多數女人最終都會舉手投降。

愛美人更愛江山的實幹者

在親密關係中，3號總是粗枝大葉，很難體察愛人的情緒。當愛情和工作發生矛盾時，他們往往會犧牲感情去追求事業。所以，在感情上，3號很容易扮演辜負他人的角色。

武打巨星成龍具有很典型的3號特徵，他與鄧麗君譜過戀曲，但兩人最終卻有緣無分，無疾而終。除了性格上的差異，成龍工作狂的性格，是導致兩人分手的主因之一。

成龍與鄧麗君剛交往時，兩人相處非常溫馨和諧，成龍豪爽大氣、笑聲朗朗；鄧麗君面帶微笑、靜默含情。鄧麗君喜歡製造浪漫，她經常約成龍去海邊游泳和釣魚，成龍無論當時有無情調雅興，都會儘量遷就心上人而甜蜜相隨。成龍雖然有紳士風度，但是他更加注重事業和兄弟友情，當愛情和事業牴觸時，他選擇後者。兩人相處的情景，也不乏鄧麗君苦候靜坐，而成龍逕顧著和兄弟們高談闊論！更具代表性的是，當鄧麗君想去法國餐廳享用兩人燭光晚餐，成龍則要求帶上兄弟們同去！

對於這段感情，成龍在接受電視臺採訪時，也充分表明了他的愛情觀。「我無從否認這段感情。她是那麼完美無瑕，歌唱得極好，能紅那麼多年，證明她的魅力。她性格溫柔，是那種連螞蟻也不忍心踩死的人。如果這世間真有天堂，她必定會是上天堂的好人。可以說，她整個人我都喜歡。但我又是個事業狂，不喜歡受感情的束縛。這樣，當然會使鄧麗君感到受傷。」

這就是3號的成龍，對於感情的態度——愛江山勝於愛美人。如花美眷固然叫人留戀，但是相比之下，表演事業是他的生命。

3號因爲過於關注成就和事業，往往把工作擺第一位。對於感情，他們顯得很封閉、很遲鈍，並且固執地認爲，只有成功者才配得到愛。建立親密關係，對他們來說很難，因爲他們害怕被人看見自己的眞實面目。在交往的過程中，他們也十分注重對自身不夠成功的地方加以掩飾，很難敞開自己的心，與對方坦誠交往。同時，3號好勝心頗強，即使在親密愛人面前，也總要爭個高下。

製造浪漫氣氛的幾種方式

美國電影《超人》中，超人平常不會顯出眞實身分，但會在暗戀的女性面前，突然變成超人。4號浪漫主義者就是這種人，他時不時地會給對方一些驚喜，營造浪漫氣氛，讓戀情充滿情趣。

生活裡，要我們突然改變身分出現在戀人面前，太過困難，不過如果可以突然出現在他（她）面前，也算是一種浪漫。

你知道對方每天的行經路線嗎？什麼地方是他（她）經常出沒的地方呢？公司唯一的電梯口？路口轉角的停車場？公車站牌？……

如果有把握，大概幾點鐘，對方會在哪個地方出現，你可以偶爾給對方這種驚喜。好好地策劃一番，和對方不期而遇，把自己當做禮物，「送」到對方面前。

即使是感情穩定的情侶，也可採用「偶遇」招數，製造情趣，使彼此間充滿激情、神祕感。

不妨玩這樣的遊戲：快下班時，在對方公司附近的街角打電話給對方，最好讓對方誤以為你在家裡。等對方走出公司，赫然發現你在面前，那種驚喜是很戲劇性的。但是，這種遊戲只能適合一兩次，太頻繁，驚喜便會減淡。而且，這種驚喜不一定要安排在生日那天，可以只是兩個人想出去吃頓飯、獨處一下的時候，甚至也可以是「哪裡都不想去，只想一起牽手回家」的時候。

同樣的驚喜，也可以安排在飛機場、火車站等地方，你沒有說要去接對方，卻突然出現，對方一定非常感動。

為什麼5號主張晚婚

愛情是人類最強烈、最奇妙的感情，陷入熱戀中的人們，常常呈現非理性的亢奮狀態。所以，人們常說：「感情是沒有理智和道理可言的，愛情跟邏輯無關。」但是5號偏偏是個理性有餘、感性不足的人。他們對待任何事情，都習慣用自己的思考和推理去求解，因此在感情上，5號顯得很狀況外。

5號在人際關係上不太積極，喜歡自由獨立的工作，沉浸在知識的世界裡。所以，5號很難開始一段感情，因爲他們不想被打擾，不願受束縛。很多人從大學開始談戀愛，但5號在大學時期，對異性一般沒什麼興趣，即便身邊的朋友同學都開始出雙入對，5號也不爲所動。因爲在他們看來，看些書、搜集資訊、做點研究，做一個有思想、有見解、有思考能力的人，比談戀愛更有趣。

5號不相信直覺的衝動，所以5號也很少對別人一見鍾情。5號的人如果去相親，很容易讓對方感覺像是經歷了一場面試，從身高到興趣、從財務狀況到健康狀況，5號會不斷地發問，迅速搜集對方的所有資訊，以此來判斷此人是否值得交往。跟5號談戀愛，有時候是件很辛苦的事情，因爲他們總是在分析、在權衡：「他（她）跟我性格契合嗎？」「他（她）眞的能跟我攜手終生嗎？」他們重視愛情的結果，認爲沒有結果的付出就是浪費，他們也重視感情的物質基礎，講究「門當戶對」。如果是一場門第懸殊的感情，5號很可能會止步。為了愛，義無反顧、不惜一切，絕對不是5號的作風。

5號重視感情的結果，但不懂得經營愛情的過程。在親密關係中，5號不太願意付出，特別在自我的空間和時間上，顯得尤其自私。當對方需要陪伴的時候，5號很可能沉迷在自己研究的領域中，不願抽身，因而影響到感情的和諧。對於自己的內心世界，包括情感和思想，5號難以跟對方分享，總是保留著自己私密的領地，讓人覺得不夠坦誠，也影響雙方親密無間的交流。

5號靠頭腦生活，對感情的依賴性不大，因此，5號一般都主張晚婚，極端的5號甚至堅持不婚。婚姻對他們來說，能給他們的太少，而向他們索要的太多。

怎樣才能不被猜疑牽著鼻子走

在婚姻生活中，6號常常心存疑慮，他們時不時用一些手段和方法，來檢驗婚姻的可靠性和愛人的忠誠度。有時候，6號的愛人會因爲受到質疑而感到非常失望，對此，6號的解釋是：「就算伴侶已信誓旦旦地向我表示忠誠，我還是會不時考驗他（她）一下。我不是不相信他（她），只是想讓自己的心更爲踏實一些罷了。」

史有明證，猜疑會讓完美的家庭產生裂痕，也會讓苦心經營的情感毀於一旦。莎士比亞的名劇《奧賽羅》，淋漓盡致地揭示了猜疑的後果：狄蒙娜不顧父命，死心榻地的守著黑奴出身的將軍奧賽羅，奧賽羅也深愛美麗的妻子。可是他聽信了伊阿古別有居心的讒言，一怒之下，竟然殺死了愛妻。後來眞相大白，奧賽羅悔恨交加，便自刎在妻子的屍體旁。一對經歷百般磨難才結成良緣的美滿夫妻，就這樣雙雙慘死了，多麼令人惋惜啊！有人把猜疑比做鴆酒、砒霜，它確實能使愛情之苗枯萎、愛情之花凋謝，它是婚姻、友誼的大敵。

那麼，怎樣才能不被猜疑牽著鼻子走呢？

1.加深瞭解，充分信任。瞭解是互相信任的基礎。有一位觀眾熟悉的電影演員，據說追求他的女孩子很多，有的痴情姑娘還特地守在製片廠門外等他。人們不免替他妻子擔心，誰知她聽了以後，淡然一笑，不介意地說：「我瞭解他。」他的妻子爲什麼能如此坦然呢？就是因爲她太瞭解自己的丈夫了，知道他的品性，深知他的爲人，堅信他不是容易動搖的人，所以她自然也就沒有煩惱了。

2.心胸開闊一些，寬容大度，不要輕信傳聞，庸人自擾。有些猜疑根本是空穴來風，有的是誤會，有的純粹是捕風捉影，有的則是小題大作。正如魯迅所說的：「見一封信，疑心是情書了；鬧一聲笑，以爲是懷春了；只要男人來訪，就是情夫；爲什麼上公園呢？只該是赴密約。」要知道，在社會上，一個人除了和自己的戀人交往以外，還要工作、學習，還要有自己的社交，在對方進行這些正常活動時，怎能無端懷疑、責怪呢？

3.要開誠布公。有話當面說，有了嫌隙及時彌補。有些猜疑純屬誤會所致，一旦把話說開，把事情弄明白，誤會當可冰釋。否則，有話不說，悶在心裡，隔閡會越來越大。

誰是花心大蘿蔔

縱觀九型人格，享樂主義者是最有本錢花心的一群人。他們通常是團體中受人矚目的焦點：自信、風趣、懂得享受生活，喜歡冒險嘗試所有的美好事物。更重要的是，他們對感情絕對「拿得起，放得下」，不會拖泥帶水，把自己和別人攪在痛苦的泥沼裡動彈不得。

要享樂主義者完全投入一段戀愛中，不管戀情多麼火熱，都會讓他們感到枯燥而厭煩。他們喜歡追求新鮮感，所以，如果你的另一半是享樂主義者，別指望他會在和你結婚之後修身養性，此後只對你一人專情。一個花心慣了的人，總是會情不自禁地被不同的異性吸引。

一旦夫妻間的一方有了外遇或是精神出軌，將會使另一方的心靈受到打擊，讓家庭成員造成傷害，還可能導致婚姻破裂。所以，要警惕享樂主義者的花心，要防患於未然。那麼，怎麼做才能收攏對方的心呢？

1.別太束縛對方

給對方自由的空間，別太束縛對方，減少壓力，也就減少發生外遇的可能性。

此外，有愛維繫的婚姻是有韌性的。相愛的人不會束縛對方，因爲他們對愛情有信心，誰也不限制誰，到頭來仍然是「誰也離不開誰」。

不束縛對方，也要放下嫉妒心，對你的伴侶持一顆寬容的心。這也是維繫婚姻、使家庭幸福的法寶，否則再豐厚的物質生活，也不可能換來幸福。

2.給愛人一份關懷

當你的伴侶在工作中受到意想不到的打擊，精神苦悶、鬱鬱寡歡的時候，需要你的關懷；當你的伴侶在向著事業高峰攀登途中，日夜奮戰、心力交瘁時，需要你的關懷；當你的伴侶偶爾失敗，對前途失去信心，猶豫彷徨在十字街頭時，需要你的關懷；當你的伴侶在事業上取得成就，被掌聲和鮮花淹沒時，也需要你的關懷。

總之，伴侶的一切，都需要你的關懷。另外，你需要選擇必要的時刻，給予精神上的寬慰、安撫，在思想上給其關心和支持，在生活上給其細心的照顧。

3.多變換角色，時刻保持新鮮

扮演好自己的角色，是家庭中每個成員的責任，如果角色錯位，輕者造成家庭的不幸福，重者會使家庭破裂。如果家庭成員能夠經常變換一下角色，就會收穫更多的幸福。

你具有大男人主義的戀愛傾向嗎

8號對愛情的理解不是花前月下、你儂我儂，對他們來說，「愛她，就是保護好她」。他們對對方最熾烈的愛，就是提供最有力的保護，讓對方不受傷害、不受委屈，甚至不必爲生活而操勞。

8號男性在親密關係中，多少會有大男人主義的傾向，他們有力量上的優勢，也有信念上的自信，所以骨子裡總把自己當成救世主，認爲「保護弱小」爲其天職之一。「連自己的女人都不能保護，還是個男人嗎？」這是他們最不能忍受的詰問。

8號是很有責任感的，始亂終棄、一心二用的人，很少出現在8號中。8號性子急、說話直、脾氣火爆，不懂甜言蜜語、溫情脈脈，但是爲了心愛的人，可以不顧一切。8號如果帶女友出去，不管遇到什麼事情，他總是會第一時間將她拉到身後。這個舉動就是爲了保護她的安全。

8號雖然快人快語，發起脾氣來雷霆萬鈞，但是爲了保護愛人，有時候在生活上也很注重細節。例如，過馬路的時候，他們總是走在靠近車道的一方；如果女友穿高跟鞋，他們會特別留意路面狀況，生怕她拐了腳；如果她受了委屈，8號肯定捲起袖子爲她出頭。

9號愛人如何學會不抱怨

作為九型人格中的最後一位，調停者平時性格溫和，很少發火。但是，不要就此認為他們永遠如此彬彬有禮，那只是他們將不滿放在心裡而已，時機一到，他們就會發洩出來。他們的表達方式就是抱怨，好像誰都對不起他們。他們付出的太多，得到的太少，可以這樣說，調停者是最愛抱怨的一族。

牢騷不僅影響人際關係，最可怕的，莫過於伴侶對你的牢騷忍無可忍時，造成婚姻破裂。

拿破崙三世——路易．拿破崙的侄子，與美女尤金妮相戀並成婚。他的顧問們認為，她不過是個西班牙伯爵的女兒，但路易．拿破崙反駁說：「那又怎麼樣？」她的青春、她的優雅、她的美貌、她的誘惑，使他體會到了神仙般的幸福。「我已經喜歡上一位我所敬愛的女人，」他說道，「她不是一個我不瞭解的女人。」

拿破崙三世和他的新婚妻子，擁有健康、財富、勢力、美貌、名譽、愛情與信仰——一切幸福的條件，但是，沒過多久，那熾熱的愛火就熄滅了，直至化為灰燼。拿破崙三世可以使尤金妮成為皇后，他可以傾盡美麗法國的所有，或獻出他愛情的全部力量，甚至皇位的勢力，但他無法做到一點：使她停止喋喋不休。

出於嫉妒和多疑，尤金妮輕慢他的命令，甚至不許他有祕密。正當他處理國事時，她闖入他的辦公室，阻撓他至關重要的會議。她常常到她姐姐家，抱怨她的丈夫。她拒絕他獨處，永遠擔心他與別的女人交往。她抱怨、哭泣、鬧脾氣甚至恫嚇，並強行進入他的書房，向他發怒、謾罵。拿破崙三世這個法國的皇帝，縱然有許多富麗堂皇的宮殿，但不能找到一個小櫥，可以讓自己躲在那裡靜一下心。

尤金妮與拿破崙三世的婚姻失和，歸因於溝通的失敗，可憐的是，尤金妮並不知曉閉嘴的功效。沉默地聆聽，總是比不斷地講話更受人歡迎。

英國小說家珍·奧斯丁說：「女人總有廢話和多慮。」對女人來說，沉默就是美麗的寶石，但她們很少佩戴它。

種種毀滅愛情的利器中，抱怨是最可怕的一種。每個人都希望自己的婚姻美滿、幸福，可我們往往在互相的指責和抱怨中互相傷害，但這樣又有什麼意義呢？其實仔細想想，你的生活並不是很糟糕，只是你的欲望太多、期望太多，所以常常抱怨。生活是自己的，我們面對的也不是別人，而是要牽手走一輩子的人，何不多一些寬容和諒解，每天快快樂樂地過好日子呢？

趣味專欄

性格左右愛情

日本社會學家木村俊夫，曾給戀愛下了這樣一個定義：「由於某個異性的個性令人滿意，因此覺得他（她）可親又可愛，並對他（她）產生好感，而對其他人，則採取排斥的態度，對所愛採取獨佔的態度。也就是說，意欲獨自佔有對方，並希望爲對方所接受，從而與之結合。」

因此，外貌也好，衣著打扮也好，說話時的表情和措辭也好，脾氣也好，觀點也好，對於對方的一切，全都感到滿意，就成了戀愛的出發點。這種滿意，是你心目中所喜歡的異性形象，和實際接觸到的異性的一切，相互作用後所產生的結果，即建立在性格和智力的基礎上。因此，也可以這麼說，喜歡對方，完全是喜歡對方性格中的下述因素：他（她）性格中的某些因素，正好是你的性格中所缺乏的，他（她）的性格，能和你的性格形成互補，並不斷地幫你改進和提高。

然而，結婚雖然是戀愛的產物，可是婚姻畢竟和戀愛不同。婚後，雙方進一步加深瞭解，彼此的優點和缺點都暴露了出來，藏也藏不住，往往會心生不滿：「他（她）怎麼是這樣一個人啊？」因此，夫妻倆婚後生活幸福與否，是由丈夫和妻子所具備、包括性格在內的種種條件決定的，也是由雙方能否適應對方的性格、滿足對方的要求而定。

夫妻相處，最好能在個性上互補，在志向上相近，才能夠彼此適應，做到相互諒解，自覺協調夫妻關係。如果夫妻興趣、性格上差距太大，勢必會影響夫妻關係的穩定。離婚的理由多種多樣，但性格不合佔有相當的比重。

如何才能避免和解決夫妻由於性格上的差異所引起的矛盾呢？下面來教你如何避免這些矛盾：

1.雙方都要適度調整自己的性格

科學研究指出，人的性格並不是先天註定的，主要是在後天的環境中、教育影響下和實踐活動中，慢慢形成和逐步強化的。因此，性格迥異的夫妻，不必過多煩惱和擔心，應對彼此的性格適應與協調充滿信心，以良好的心態改變自己、影響對方，致力於婚姻的和諧。

2.互相理解和尊重雙方的性格

俗話說：「江山易改，本性難移。」人的個性一經形成，就有它的相對穩定性。夫妻雙方都應對此有清楚的認識，對對方的性格表示理解，注意尊重對方的個性。要在相互尊重的前提下，努力創造平和的家庭和心理環境，促使愛人改掉不好的個性。要正確認識和評價對方的性格，尊重對方的性格，不要一味地橫加指責。要做到相互尊重，必須承認對方的個性風格，主動適應對方的個性風格，要能夠寬容，不要吹毛求疵。

3.雙方都要對自己的性格揚長避短

沒有人的性格是完美的，任何人的性格都有長處和短處，既然如此，我們對自己性格應一分爲二，長處就發揚，短處則努力克服。避短的方法是發現對方之長，吸收過來補充和完善自己。

Part 9

親子九型課

如果父母能夠清楚瞭解九種性格各自的特點，明白是什麼驅使孩子和自己產生不同的行為，瞭解孩子身上可能有的問題：孩子為什麼不活潑開朗？孩子為什麼不肯開口叫人？我應該如何來改善孩子的性格缺陷？當疑惑的父母明白前因後果後，尊重孩子的性格類型，再加以恰當的引導，相信管教將不再是難題。

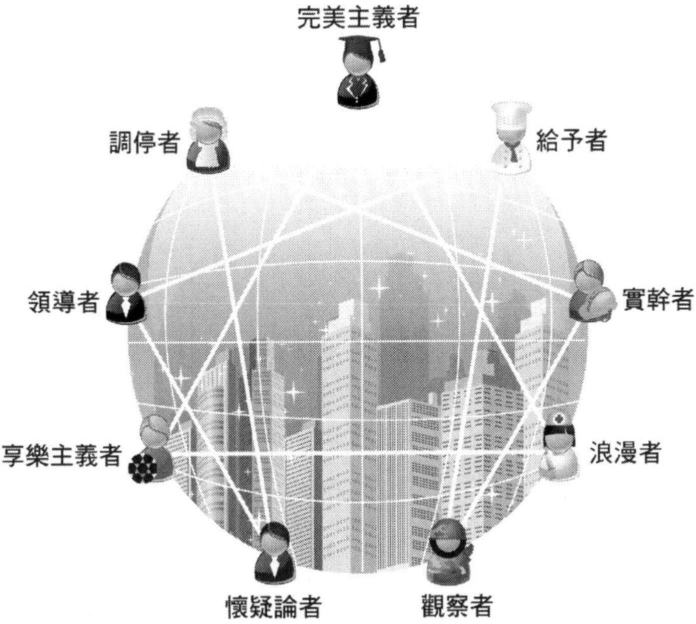

告訴完美型孩子：我愛你的全部，包括缺點

對於完美主義的孩子來說，他們最怕什麼？他們最怕別人批評他們的缺點。

完美主義性格的孩子，對自己的評價非常苛刻，他們總將事情私人化，常常自找煩惱。這些孩子的思想，就像是一個調到負面位置的收音機旋鈕，專門收集別人的批評。如果聽到教室裡有人提及自己的名字，就會認定同學在說他的壞話。不像活躍型、助人型、和平型的孩子那樣，對自己的不足小而化之，他們無法容忍自己身上有任何缺點，對於他們來說，缺點就像碧玉上的瑕疵，刺眼而可惡。他們會放大自己的缺點，固執地認爲正是這些無法讓人容忍的缺點，導致他們不招人喜愛。

孩子這樣的行爲，有可能來自父母的過分貶低：「考這麼差，眞沒出息！」「你看王媽媽的兒子多優秀，爲什麼你比不過人家？」「學那麼久的琴，花了那麼多的錢，到現在連這麼簡單的曲子都彈不好！」「你天生就笨！」苛責讓孩子生出自卑心。越是自卑，他們就越想掩蓋這份自卑，於是變得敏感多疑，不願承認自己的不足。

有的父母對孩子並不是很有耐心，就拿問題來說，當孩子做了錯事，問媽媽：「我是不是很不聽話？」千萬別回說他們的問題愚蠢。完美主義的孩子，本來就會感到他的問題即使是眞的存在，也是很愚蠢的，他爲自己的情緒化而不知所措，並且認爲，每個人都會覺得他的問題

是荒謬的。由於這些感覺，他不會告訴任何人他爲什麼苦惱。如果父母堅持問，他最後還是會告訴你。如果他鼓起勇氣訴說，而你卻回應：「對啊，你很不聽話！」那對他的心靈是多大的傷害啊！

在這種情況下，父母可以這麼說：「我不喜歡你這麼做。媽媽很喜歡你，也很愛你，但是不能容忍你的這種行爲。」

對於自身的缺點，要讓孩子產生這樣的想法：「有時候我會犯錯誤，可我也做對很多事情，所以無論我做了什麼，我還是我自己。」「我這一輩子還會犯錯誤，因爲我並不完美，我是一個有缺點的人。」「缺點沒有什麼大不了，我有能力從錯誤中吸取教訓，下次一定能做得更好。」「我所犯的錯誤，並不能用來評判我這個人的價值。」

為什麼孩子喜歡說「隨便」

給予型的孩子，對別人的意見從不反駁，對長輩和老師溫馴如綿羊、百依百順。生活中的大小事，像是去哪裡玩、晚餐吃什麼、唸什麼科系等，總是希望別人替自己做決定。許多表面上非常獨立的孩子，空有一副堅強的外表，情感上還是相當依賴他人。請看下面的例子：

爸爸興致勃勃地帶孩子去飯店吃飯，把菜單放到孩子面前，關切地問：「今天想吃什麼？盡量點。」孩子卻只是懶洋洋地回答：「隨便。」帶孩子上街買衣服，問孩子喜歡什麼顏色和款式，卻回說：「隨便，你決定吧！」爸爸發現，孩子的字典裡，似乎只有「隨便」這兩個字，從來沒有自己的主意，遇事不是沒意見，就是不知道。

給予型孩子的依賴習慣，儼然成爲越來越嚴重的社會問題。一些父母一味地對孩子的事大包大攬，殊不知，這樣會使孩子失去獨立思考和解決問題的能力。老等著別人來收拾、來處理，久而久之，就會養成坐享其成的劣習。更嚴重的是，依賴勢必導致軟弱，總是按照別人的指使行動，無法自主、應變，難以立足於社會。所以，父母應即早培養孩子獨立，從而形成自尊、自信的性格。

因此，當孩子表達「我自己來」的時候，媽媽千萬不要說：「你不行，讓我來。」當孩子碰到事情、舉棋不定的時候，不妨放手讓他自己拿主意，不要總是想爲孩子解決問題。讓他們自己決定並承擔結果，往後他們才能爲自己的人生做出好的選擇。這樣做，「隨便」自然離孩子遠去，孩子也能夠自力自強。

怎樣讓孩子成為無所不知的「超人」

3號人格的孩子，普遍存在這種心理：希望自己是無所不知的「超人」。於是他們不斷勉勵自己，像黑洞吸收一切物質那樣，去吸收各種知識。結果，東學一點、西學一點，卻沒有專長。

要知道，凡是優秀的專業人才，都對專業知識和技能精益求精，要能廣博，也更深入。喜歡書法的人，臨帖時必須專心致志，今日學顏體，明日臨歐帖，必然一無所成。對某一專業領域的鑽研和投入，堅持數年乃至數十年，必將受益匪淺。

學習毋須局限於單一領域，精力有餘、條件許可的情況下，亦可朝新領域進軍。郭沫若一生的成就是多方面的，但不是齊頭並進，每個時期都有不同的專攻，卻都透過專注耕耘取得佳績。

一個人的精力有限，但知識無窮。蘇聯學者巴布洛夫曾說：「要想一下子知道，就意味著什麼也不知道。」

孩子渴望學習是件好事，但作爲家長，要幫助他們建立正確的學習態度和方法，讓孩子明白「貪多嚼不爛」的道理，否則既消耗精力又浪費時間，效果不盡如人意。例如，每經過一段時間的學習，或者一件事做完之後，都應該幫助孩子進行統整與檢視，經過消化與累積的過程，才能獲得學識的養分，不斷的成長。

如何開發孩子的想像力

4號人格的孩子，多愁善感，想像力豐富，他們常浸淫在自己的想像世界裡，腦子裡多的是稀奇古怪的想法。所以在日常生活中，很多4號人格的孩子，並不按老師和家長教的方法進行學習，他們總是能開發出一套屬於自己的方法，這就是想像力豐富的表現。

愛因斯坦說過：「想像力遠比知識更重要，因爲知識是有限的，而想像力概括著世界上的一切，並推動著進步。想像力才是知識進化的源泉。」而想像力的缺乏，一直是許多孩子實踐能力差的原因之一。

教育家蒙特梭利認爲，想像力是兒童與環境交互作用下，建立了心智慧力後才發展的內在天賦能力。因爲兒童要將環境中獲得的知覺加以組織，所以環境必須眞實。這樣，兒童才會將事物的主要特質抽象化，從而在本體事物上分支出超越它的意識。需要注意的是，要產生這個結果，必須具備三項特質：其一，孩子要有高度的專注力；其二，孩子要具備相當的自主與獨立判斷的能力；其三，孩子要有隨時期待、接納眞理與事實的信心和勇氣。

所以，要想培養孩子的想像力和創造力，不妨多鼓勵孩子發問。好奇心是每個孩子都有的，它是推動孩子進行創造性思維的內在驅動力，所以，當孩子不斷提出各種各樣的問題時，父母要做的，就是讓他們透過獨立思考來尋找答案。

另外，要時刻注意豐富孩子頭腦中表相的儲存量，表相是外界事物在孩子頭腦中留下的影像，是具體、形象的。表相是想像的基礎材料，頭腦中的表相積累得多，就有進行想像的豐富資源。所以，應該經常帶孩子去博物館參觀、到郊區遊玩、參加各種公益活動，或走訪親友等，讓孩子頭腦裡融合許許多多的影像。多接觸社會、接觸大自然，開闊眼界和心胸，便是培養想像力和創造力的溫床。

引導思考型孩子多參加集體活動

若問：5號人格的孩子，最大的特徵是什麼?小羽的媽媽最有發言權：「我們家小羽，以前是個不愛說話的孩子。怎麼說呢?見到長輩不會問好，上課老師提問，就緊張得說不出話來，小朋友在一起，插不上話的也總是他。小羽這樣的性格，以後鐵定吃悶虧的啊!唉!你們都不曉得，那時候我有多著急。」

沒錯，5號人格的孩子不善言談，在團體裡會感到恐懼、緊張。

那麼，怎麼解決這個問題呢?

心理學家建議，要改善這樣的性格，最有效的辦法，就是讓孩子多參加團體活動。於是，小羽的媽媽就帶孩子去爬山、去安養院做志工，在學校也鼓勵他參加社團、運動會。一年下來，小羽的性格果然改變不少，沒有像以前那麼靦腆害羞了，人也活潑大方起來。

爲什麼參加了團體活動的小羽，會有那麼大的改變呢?這是因爲在團體活動中，孩子容易尋找到熱情和快樂。世界著名潛能大師博恩·崔西說：「一個人的幸福快樂，80%來自與他相處的人，20%來自自己的心靈。」一個正面、積極的團隊，是孩子熱情的源泉，家長可以召集孩子身邊一些開朗、積極的朋友和同學，每個月聚會一次，一起討論達到目標的方法，彼此激發腦力。

期待孩子能夠和他人相處往來，就該推動孩子走向人群。要教育孩子多為團體付出，像是幫老師擦黑板、幫助同學等。多鼓勵孩子參加班級活動，每一個人的存在，都對團體有益，缺少了誰，這個團體就不完整了。孩子參加班級籃球賽，在賽場上，會學到團結與合作；參加春季遠足，會發現因爲有了同伴的陪伴，而使出遊更加有趣；參加合唱團，能知道他所屬的聲部，對整首曲子來說是多麼的重要。而這些都是一個人玩球、一個人爬山、一個人唱歌時體會不到的，是從團體活動中獲得的。

多參加團體活動，可以培養孩子的組織協調能力、語言表達能力、團結合作能力，並磨鍊出堅強的意志，和學習待人處世之道。這些正是人生道路上所需要的。所以，家長要引導孩子多參加團體活動。

怎麼對待叛逆的孩子

在青春的路口，曾經有那麼一條小路若隱若現，召喚著我。
母親攔住我：「那條路走不得。」
我不信。
「我就是從那條路上走過來的，你怎麼不信？」
「既然你能從那條路上走來，我爲什麼不能？」
「我不想讓你走彎路。」
「但是我喜歡，而且我不怕。」
母親心疼地看我好久，然後歎口氣：「好吧，你這個倔強的孩子，那條路很難走，一路小心。」
上路後，我發現母親沒有騙我，那的確是條彎路，我碰壁、摔跤，有時碰得頭破血流，但我不停地走，終於走過來了。
坐下來喘息的時候，我看見一位朋友，很年輕，正站在我當年的路口。
我忍不住喊：「那條路走不得！」
她不信。
「我母親就是從那條路上走過來的，我也是。」

「既然你們都可以從那條路上走過來，我爲什麼不能？」

「我不想讓你走同樣的彎路。」

「但是我喜歡。」

我看了看她，看了看自己，然後笑了：「一路小心！」

我很感激她，她讓我發現自己不再年輕，已經開始扮演「過來人」的角色，同時患有「過來人」常患的「攔路癖」。

案例中的「我」，顯然是6號懷疑論者。這樣的孩子，懷疑、否定一切，對教條漠視，反抗規則和傳統。他們不喜歡說教式、強迫性、指責性、填鴨式的教育，單純的說教在他們身上，很難取得預期的效果，相反的，這樣做，容易使孩子產生反叛心理，就像文中的「我」，不聽媽媽勸告，一定要走那條彎路。

我們都知道，反叛心容易使人無法客觀地、準確地認識事物的本來面目，而採取偏頗的方法和途徑去解決所面臨的問題。久而久之，構成狹隘的心理定式，形成爲反對而反對的舉動。叛逆往往是孤陋寡聞、妄自尊大、偏激和頭腦簡單的產物。

若想使6號人格的孩子不再叛逆，最好的方法是提高他們的文化素養，使他們增長見識。一個對生活有著廣博知識的人，能夠成熟而理性的解讀事物，從而採用一種更科學、更寬容的思維方式。廣聞博見，能使人避免固執和偏激。

為什麼7號孩子總是三分鐘熱度

7號孩子身上最容易出現的問題，就是做事只有三分鐘熱度，沒有持久力和耐性，總是半途而廢，不能堅持到底。

持久力，是指在一件事情上持續的時間長短，具體表現在孩子的注意力和專注度上。注意力是件隨感覺、知覺、記憶、思維、想像等心理過程的一種心理特徵。注意力的集中和分散，對孩子的發展影響非常大。所以，讓孩子在生活中學會避免三分鐘熱度的行爲習慣，無疑是對7號孩子走上成功之路最好的支持。

教育學家提出了兩項建議：

1.家長可以給孩子任務，要求孩子每天都要完成，前提是不讓孩子覺得有負擔。具體來說，對於這樣的孩子，做父母的應該鼓勵他們，循序漸進地增加他們持續做一件事情的時間。以學習來說，昨天學了五分鐘，今天就可以設法延長至七分鐘，明天延長至八分鐘，關鍵是不能一味求快。值得注意的是，不管讓孩子達成什麼任務，都得要求孩子今日事、今日畢。

2.如果想讓孩子專注於某件事情，最好的方法，莫過於培養孩子的興趣，孩子小時候，極易對事物產生興趣和熱情，一旦入了迷，就以驚人的勤奮和毅力投入。所以說，興趣是最好的老師，對所學科目的興趣濃厚，某種程度上，也決定了孩子是否能夠持之以恆。父母應該在日常生活中，注意挖掘孩子的興趣所在，引導他堅持下去。當孩子找到自己的興趣所在，自然而然就能夠持之以恆，這是杜絕孩子朝三暮四、只有三分鐘熱度的好方法。

如何培養孩子的寬容心

「有仇不報非君子」，「君子報仇，十年不晚」，在8號孩子看來，受到不公正的對待、被他人欺侮，不能「大事化小，小事化了」，一定要給對方點顏色瞧瞧。他們認爲自己是正義的使者。一旦他們或周圍的人受到傷害，而且覺得是不公平的傷害，爲了伸張正義，他們決定用「報復」加以還擊。

有位8號孩子回憶道：一天早上，我和媽媽在餐館吃飯。那家餐廳的老闆十分無禮，口氣生硬，態度傲慢。用餐過程中，我都無法忘記這件事，甚至邊吃邊想：我走的時候，是不是該把桌子掀翻？是不是該和這個老闆大吵一架？我該做些什麼，讓我不至於覺得受到了羞辱，讓自己感覺好點呢？我無法停止思考該怎麼對付這個傢伙，但我還是控制情緒，什麼都沒做就走了。儘管如此，這件事還是讓我耿耿於懷。每次當我路過那家餐館時，就會不由自主地想著：要是把窗戶砸了會怎樣？好像不做點什麼，就永遠消不掉這份怨氣。

我們難免會與別人發生誤會、摩擦。有的人傷了自尊心，有的讓自己下不了臺，有的當眾給自己難堪，有的對自己有成見等等。稍不留意，仇恨在心底悄悄滋長，心靈就會背上報復的重擔而無法獲得自由。

打擊敵人，並非只有「報復」這一條路可走。美國政治家林肯曾說：「我們難道不是在消滅政敵嗎？當我們成爲朋友時，政敵就不存在了。」這就是林肯消滅政敵的方法，寬容敵人，將敵人變成朋友。

要培養8號孩子的寬容心，家長應做到兩點。首先，要讓孩子發現自己也有很多的缺點，自己也有虧欠他人的地方，自己本身並不是一個完人；讓孩子發現，自己認爲最不好的人，也有一些可取之處。所以，要孩子學會看到自己的弱點，看到別人的優點。考慮問題時，要試著從對方的角度出發，以求大同、存小異。這樣，孩子才能夠善待他人、善待自己。

其次，你得讓孩子瞭解，自己也得到過別人的寬容，自己也需要別人的寬容。這樣一想，還有什麼理由不能寬容他人的呢？

要讓孩子快快樂樂地生活在充滿愛的世界裡，首先，就要教他做一個寬宏大量的人。

9號孩子頑固不化的原因何在

溫和的9號孩子，常常給人一副好脾氣的印象，他們不輕易發火，他們永遠溫文儒雅。但是，不要被他們這不慍不火的個性所惑，他們雖然「喜歡」聽家長的建議，但是骨子裡相當固執，甚至愛鑽牛角尖。

頑固不化，像牛一樣固執，這是9號的特點，因此做起事情來，有時難免不夠靈活。試問，9號孩子爲什麼會頑固不化？

我們都知道，深海裡氧氣稀薄，但爲了生存，深海動物得減少活動或者乾脆不動，長期蟄伏在一處，以減少身體對氧氣的需求。儘管深海環境惡劣，還是有不少動物頑強地生存了下來。美國一家海灣水族館研究所，由克雷格 麥克萊恩領導的一項研究卻發現，生活在深海裡的動物漸漸減少的原因，居然不是因爲氧氣的減少，而是因爲氧氣的增多。

在南加州海域，就因爲移植了大量含氧海藻，導致許多深海動物消失。人們以爲含氧海藻能夠改善深海動物的生存環境，沒想到反而害了那些動物。因爲含氧海藻是能夠製造氧氣的深海植物，其造氧量是普通海藻的一百倍。

照理來說，增加了氧氣的深海，對魚類應該是一件有益的事，可是因爲千百年來，那些長期蟄伏於一處不動的深海動物，已經適應了缺氧的環境，突然有新鮮的氧氣注入，便容易氧氣中毒。避免氧氣中毒的方法只有一個，那就是迅速改變原有的生活習慣，改靜止爲動態。只有不停地游動，才能夠加速呼吸，消耗過量的氧氣，排出體外。這樣，過量的氧氣不但對牠們構成不了威脅，反而會讓牠們更具活力。

所以，生活在深海中的動物，很快便會分爲兩種：一種因爲無法改變自己原有的「懶散」生活習性，而變得無所適從，甚至被「淘汰」；另一種則一改往日的靜止快速行動起來，因爲適應了大量氧氣注入的新環境，而變得「如魚得水」。

克雷格．麥克萊恩最後得出結論：不是氧氣害了那些深海動物，而是它們自己的懶惰習性。俗話說：「山不轉，路轉；路不轉，人轉。」《易經》上也說：「窮則變，變則通。」《聖經》上也有這樣的記載：「上帝關了這扇窗，必會爲你開啓另一道門。」天無絕人之路，上天總會給有心人一個反敗爲勝的機會。

如果你的孩子是9號人格，不妨告訴他，固執、執拗不是有骨氣，更不是自信的表現，很多時候會讓人覺得死板、不知變通。流水不腐，戶樞不蠹，人靈活了才有生氣，所以，要學會隨機應變。

趣味專欄

環境勝於天賦

父母的性格雷同，發脾氣時大動干戈，溫柔時情意綿綿，家庭環境一會狂風暴雨，一會晴空萬里。在這樣的環境下成長，對塑造孩子的性格有負面影響。他們往往對父母的行爲感到不知所措，再開朗、樂觀的孩子，也會變得沉默、抑鬱、苦惱、少年老成。

有個女孩上大學後，總是會做一些很恐怖的夢，夢見自己死了，夢見殺死了別人，夢見自己被人追殺，夢見被猛獸追趕，卻無人相救；也會做一些悲傷哭泣的夢，夢見親人拋棄了她，夢見她總是孤單一人生活，夢見她遇到困難時，親人站得遠遠，袖手旁觀，夢見和別人吵架而委屈落淚……原來，這個女孩在很小的時候，父母就因爲感情不和而經常吵架，沒人關心她。她很討厭那種不和諧的氛圍，常常孤獨苦惱，卻又無力擺脫。沒有人疼愛她，又經常被家長打罵，她沒有一絲安全感，想逃離，又沒有地方可以投靠。這些痛苦在她的潛意識中深深地紮了根，白天，她無法釋放這些壓抑的情感，於是在夜晚轉換成夢境，在夢中，情感得到了宣洩。

家長是孩子最初的老師，家庭是孩子接觸的第一個環境，家庭環境的好與壞，將直接影響孩子的發展。家庭和樂，成員之間感情融洽，團結和睦，互相關心照顧，能使孩子感到幸福。在氣氛和諧的家庭中成長的孩子，會表現出有感情、有信心、有能力、關心人、樂觀開朗等積極的性格特徵。一個溫馨的、相處和諧的家庭環境，是一個可以激發潛能的環境，一個可以培養良好品格的環境，一個可以開闊視野的環境，一個可以開發孩子潛能的環境。

Part 10

九型人脈圈

不管你的性格內向還是外向，一個人一生中，時時都在與他人打交道，進行各種各樣的交往。在交往中，有許多技巧需要學習和掌握，這些技巧，是你贏得他人信賴和尊重的敲門磚。從現在起，主動從人脈的孤島中走出來，建立自己的人際關係網吧！

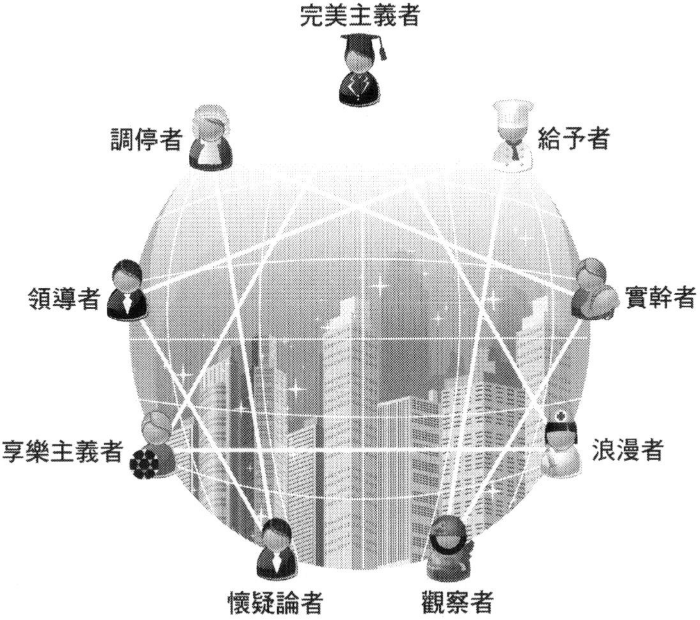

完美型人格最喜歡聽哪些「奉承話」

一個滿口髒話、毫無修養的人，是1號人格者最難以容忍的。所以，當你與完美主義者交往時，若能注意用詞，經常使用禮貌用語，就可以避免許多不必要的誤會和摩擦，贏得他的好感。可以說，禮貌用語是你和他關係和諧的潤滑劑。

下面收錄的，是當今社會用得最多，也是完美主義者最喜歡聽的黃金短語。

1.「早安」

「早安」是一句問候語，是親善、友好的表示，更是一種信任和尊重。一句「早安」，雙方就有了交集，彼此間的距離便縮短了，既讓聽者愉悅，也接近了關係。

當然，平日裡相互見面時，道聲「你好」、「再見」，都是傳達關心和祝福的貼心舉動。

2.「請」

在任何需要麻煩他人的時候，「請」都是必須掛在嘴邊的禮貌語，如「請問」、「請原諒」、「請留步」、「請慢用」、「請指教」、「請稍候」、「請關照」等。使用「請」字，會使話語變得委婉而禮貌，是比較自然地把自己的姿態降低，以對方意見爲重的表達方式。

3.「謝謝」

生活中，我們要常說「謝謝」兩個字。道一聲「謝謝」，看似平常，但能營造人際關係的良性互動。人際交往裡有一黃金法則——你如何對待別人，別人也會以同樣的方式給予回報。

向別人表示感謝，是積極而饒富意義的舉動，出於感恩，化爲言語。若你能對別人的幫助表示謝意，彼此的關係就會因此而更靠近，情感也會開始產生呼應和共鳴。

4.「對不起」

有一句話說得好：「智者千慮，必有一失。」一個人再聰明能幹，也會有犯錯的時候。人在做了錯事之後，往往有兩種截然不同的態度：一種是死不承認，找藉口爲自己辯解開脫；另一種是坦誠以對，向大家說聲「對不起」，勇於改正，找出解決的方法。

對某些人來說，道歉不是太容易的事。然而有了過失，就應該及時道歉，說聲「對不起」。「對不起」說得越及時越好，說得越眞誠越好。道歉既是尊重別人，也是尊重自己，不但能釋出誠意，還能增進情誼，化解危機。

「對不起」能使強者低頭，使怒者消氣，使說者更加成熟。

你身邊有給予型朋友嗎

「我能與不同性情的人交往，因爲對於不同的人，我可以儘量滿足他們的需要，幫助他們渡過難關。但我並不是在拍馬屁，我只是希望別人在危難的時候能夠想起我，並且能夠因爲我的幫助而獲得快樂。」

人際交往中，給予者是這麼說的，也是這麼做的。他們會在別人最需要的時候伸出援手，也正因爲如此，給予者常常會成爲人際交往中最受歡迎的人，他們也常常因此得到意外的收穫。

一天，一個貧窮的小男孩爲了存夠學費，正挨家挨戶地推銷商品。勞累了一整天的他，感到十分飢餓，但全身上下只有五塊錢。怎麼辦呢？他決定向下一戶人家討口飯吃。當見到一個小女孩打開大門的時候，小男孩卻有點不知所措了，他沒有要飯，只乞求給他一口水喝。小女孩看到他飢餓的樣子，就拿了一大杯牛奶給他。男孩慢慢地喝完牛奶，問道：「我應該付多少錢？」小女孩回答道：「不用。媽媽告訴過我，施比受更爲有福。」男孩說：「那麼，請接受我由衷的感謝。」說完，男孩離開了這戶人家。此時，他感到自己渾身是勁，看到上帝正朝他點頭微笑。其實，男孩本來是打算休學的。

數年之後，小女孩得了一種罕見的重病，當地的醫生對此束手無策。最後，她被轉到大城市醫治，由專家會診治療。當年的那個小男孩，如今已是大名鼎鼎的霍華德·凱利醫生了，他也參與了醫療小組。看到病歷時，一個念頭霎時閃過他的腦際，他馬上起身直奔病房。

凱利醫生一眼就認出，床上躺著的病患，就是那位曾幫助過他的恩人。他回到自己的辦公室，決心要竭盡所能治好恩人的病。在他全力以赴之下，手術成功了。凱利醫生要求院方，把醫藥費通知單送到他那裡，他在上面簽了字。

當醫藥費通知單送到這位特殊的病人手中時，她不敢看，因爲她確信，治病的費用將會花去她的全部家當。最後，她還是鼓起勇氣，翻開了醫藥費通知單，旁邊的那行小字，引起了她的注意，她不禁輕聲讀了出來：「醫藥費——一滿杯牛奶。霍華德·凱利醫生。」

因爲幫助了別人，所以在自己需要的時候，常常會得到別人的幫助，這是給予型人格者經常收到的回饋。其實在人際交往中，所有人都應該努力使自己成爲給予型的人，在別人需要的時候主動給予關懷，這樣，人與人之間就會少很多冷漠，多些許溫暖。

與社會名流結交的好處是什麼

「社會青睞勝利者，所以，我們要不惜一切代價獲取成功，而捷徑就是認識社會名流。」這就是3號的交友觀。

所謂社會名流，就是在社會上有影響力的人，與他們建立良好的關係，無疑是為個人的成功插上了翅膀。但社會名流往往都有其固定的交際圈，一般人很難躋身其中，因此要想廣結善緣，走進上流社會，就需要從以下幾個方面入手：

1.多收集有關名流的資訊，做一點功課，托人引薦，多參加社會公益活動，多出入名流常常出入的場所，這樣才有機會結交到社會名流。

2.要注意給對方留下一個好印象，千萬不要死纏爛打，否則只能招致反效果。

3.良好的關係需要長期經營，勿妄想一步登天，多接觸、多製造合作或交流的機會。

嚴重自卑的4號如何建立自信

4號時常會心生羞愧感。當他們拿自己與他人比較時，當他們看到別人具有自己沒有的優點，並贏得社會尊敬的時候，他們的自信心就會下降，羞愧感就會浮出。

羞愧的4號深深地自責，認為自己一無是處，其實，這是一種自卑的表現。

所謂自卑，就是自己輕視自己，看不起自己。自卑心理嚴重的人，並不一定就是他本人具有某種缺陷或短處，而是不能接納自己，自慚形穢，自認低人一等，進而解讀為被別人瞧不起，陷入不能自拔的境地。

征服畏懼，戰勝自卑，不能夸夸其談，止於幻想，而必須付諸實踐，見於行動。那麼，4號如何克服自卑呢？結合專家的建議，我們歸納出以下七項要訣：

1.大哭一場

專家認為，哭對身體有益。哭並不可恥，流眼淚能處理傷心，宣洩情緒。即使悲痛在傷心事發生後一段時間才顯露出來也沒有關係，只要能發洩就行。

2.找人傾訴

生活難免有起有落，找個傾訴對象談談心事，也許有幫助。

3.閱讀

閱讀有助於釐清問題、整理思緒。不妨試試教你自助自療的書籍，會給你啓發，使你放鬆。

4.寫日記

許多人把遭逢不幸之後的平復過程逐一記錄下來，從中獲得撫慰。此法可以產生自我治療的作用。

5.安排活動

要想到人生中還有你所期盼的事，這樣想，可以增強你勇往直前的信心。不妨現在就決定你拖延已久的旅行日期。

6.學習新技能

選一門新課，找個新嗜好。可以嘗試與以往不同的生活，可以透過學習新事物加以充實自己。

7.幫助他人

許多人捱過創痛期後，會意識到必須有所作爲，也許是發起一個組織，或寫書……在這個過程中會發現，幫助他人是很有效的自療方法，多參加團體活動，以培養自己的能力，這樣可預防因孤陋寡聞而產生的畏縮躲閃的自卑感。

為什麼5號拒絕別人走進他的內心世界

常言道：「一回生，兩回熟，三回四回是朋友」，可這對5號觀察者來說是沒有用的。他們認爲外面的世界充滿了危險和侵犯性，保護自己的最好方式，就是與周圍的人和世界保持距離以策安全。他們總是一副不願意與別人「深交」的樣子，與任何人往來，都呈現「君子之交淡如水」的狀態。

有的人天生喜歡和人打交道，他們看不慣觀察者這樣的作風，認爲過於冷漠。其實，保持距離是讓友誼長久的「保鮮法」。

有一則寓言，印證了觀察者的正確。

蕨菜和離它不遠的一朵無名小花是好朋友。每天天一亮，蕨菜和無名小花就扯著嗓子互致問候。日子久了，它們都把對方當成自己最知心的朋友。它倆也覺得，每天扯著嗓子說話很不方便，便決定互相向對方靠近，它們認爲彼此之間距離越近，就越容易交流，感情也越深。

於是，蕨菜拼命地擴散自己的枝葉，它蓬勃地生長，舒展的枝葉像一把大傘，無名小花則儘量向蕨菜的方向傾斜自己的莖枝，它倆的距離越來越近了。

出乎意料的是，由於蕨菜的枝葉過於茂密，不僅遮住了無名小花的陽光，也擋住了它的雨露。失去陽光和雨露滋潤的無名小花日漸枯萎，傷心之餘，認爲蕨菜居心不良，故意謀害自己，決定與之絕交。

蕨菜這邊，由於枝葉過於茂盛，一次狂風暴雨後，枝折葉殘，變得光禿禿的。看著遍體鱗傷的自己，蕨菜把這一切後果都歸咎於無名小花，若不是爲了無名小花，它絕不會恣意任自己的枝葉瘋長的。

於是，一對好朋友便反目成仇了。

其實，距離是人際關係的自然屬性，再親密的朋友也不例外。你們成爲好朋友，只說明你們在某些方面，具有共同的目標、愛好或見解，但並不能代表你們之間是毫無間隙，可以融爲一體的。過於親近，有時會被刺傷；過於疏遠，又感受不到友情的溫暖，拿捏好相處的距離，才能讓友誼之樹常青。

例如，當你要去拜訪別人時，要提早與對方聯繫確認；在交談中，如果發現對方有「比較忙」的表示時，應儘快把話說完，迅速起身告辭；談話中，不要對人家的家庭情況，像查戶口似的問個沒完沒了；不要亂動人家的東西等等。

有人以爲，作爲好朋友就應該親密無間，其實不然，好朋友間見面和交往的機會，雖然比其他人多，可是任何事都要有個「度」，超越這個度，得到的就是相反的結果。

朋友有君子、有小人，交友也有君子之交和小人之交。君子之間的友誼平淡純眞，但眞實親密而能長久；小人的友誼濃烈甜蜜，但虛假多變，經不起時間的考驗。

為什麼不能得罪他人

俗話說：「多個敵人多堵牆，多個朋友多條路。」人活在世上，每天都和不同的人打交道，和別人互動，彼此互助才能生存發展。因此，誰都應該多交朋友，少得罪人。

但6號懷疑論者認爲，世界之大，得罪了某個人或某些人又何妨，其他的路又沒有堵住。其實，這種想法是錯誤的，一行有一行的圈子，得罪了某一個利益相關人，或者事情沒處理好，往往就意味著，在這個領域裡失去了信譽、失去了幫助。由於對方在該領域有影響力，其他人可能因爲不願意得罪他，在與你接洽時也會有所顧慮。

如果得罪君子，最多大家就是各走各的路，互不相干；如果得罪了小人，則是給自己埋下了一顆定時炸彈，也許平時不會對你怎麼樣，到了關鍵時刻，他可能就會出手製造麻煩。如果因爲得罪小人而使自己下不了臺，該辦的事沒辦成，實在非常不值。

因此，懷疑論者應儘量避免得罪人，有時候不是因爲「怕」誰，而是因爲代價太大。謹記平時要言行謹慎，一些能免則免的麻煩，何必去惹呢？

哪型人格最愛吹牛

「萬人迷」這個詞語，用在享樂主義者的身上，再合適不過。他們非常合群，而且能言善道；他們魅力十足，喜歡享樂。無論你提議做什麼，他們都想參一腳；無論你提議去哪裡，他們都想去。享樂主義者熱情直率，他們習慣於用誇張的肢體動作（如擁抱、拍打等），來表達自己的情緒。

不過，在成爲「萬人迷」的同時，他們逃避問題及閃躲不利處境的性格傾向，常常使他們成爲名符其實的吹牛大王。心理學家解釋說，享樂主義者喜歡誇大自己的能力和身分，實際上是出於心理補償。吹牛既是爲了彌補落差，在心理上達到理想自我的境界，也是出於讓自己充滿吸引力、希望得到其他人的崇拜和愛慕。他們期望借助大話，提高自信，降低內心的恐懼和焦慮。當對手來下戰帖時，便可以透過吹牛，刻意「蔑視」對手的同時，增強自信心。

瞭解了享樂主義者慣於吹牛的原因，與其往來，我們就可以做到有的放矢：

1.給他自我展示的機會

例如，明明知道他在吹牛，也要認眞傾聽，適時讚美；在參加團體活動時，鼓勵他表演節目，適當表現自己。總之，利用一切辦法，滿足他們自我表現的欲望。當他們認爲別人已經看到自己的價値時，自然不再會用吹牛的方法，來吸引別人的注意力。

2.不要對他過度誇獎

過度的誇獎，易給享樂主義者帶來心理負擔，要不變得焦慮，遇到困難容易退卻；要不產生我比誰都強的心理，不允許或不能接受別人超過自己的事實。每當這種情況出現時，善於逃避現實的享樂主義者，便開始編織一個又一個理想中的情景來痲痹自己。因此在誇獎他們時，一定要實事求是，不要誇大其詞，在表揚的前提下，指出不足之處。

3.以身作則，建立好榜樣

俗話說：「近朱者赤，近墨者黑。」如果我們平常就把牛吹得滿天飛，當別人發現事實並不是那樣的時候，就會產生一種被欺騙的感覺，繼而自己也陷入吹牛的漩渦。所以，自己一定要以身作則，做個好榜樣。

8號喜好下命令的原因何在

許微是領導型人格的一個典型。原本她在一所中學當老師，離職後，轉任人壽保險公司業務員。由於性格所致，在與同事、客戶說話時，她常不自覺地說：「我這樣講，你懂不懂？」或是：「你懂我的意思嗎？」有時，她也會脫口告訴朋友：「哎呀！你衣服不能這麼穿啦！」後來，有個男同事對她說：「我們是你的同事，不是你的學生，拜託你講話時，不要一直問我們『懂不懂』好不好？好像我們都很笨的樣子！」

的確，8號領導者與周圍人溝通時，習慣用指導性語言去教導、指正別人。不管自己懂不懂，也不管自己做得好不好，他們都習慣指導別人該怎麼做。

雖然，有時善意的指導確實對別人有益，但對不熟、剛認識的人，或在公開的場合，動不動就要以「自己很棒、很厲害」、「我來指導你」的態度來指正對方，常會引來別人的反感與討厭。

因此，具備領導型人格的人，千萬不能使用過多的指導性語言，因爲這些語言如果用得不恰當或用得太多，就會變成批評，甚至是找碴。指導性語言通常帶有上對下的教訓口吻，對方聽起來就會不高興，這有違平等交流的原則。因爲不管是名流顯貴還是平民百姓，作爲交談的雙方，他們都應該是平等的。

對你身邊的人多加關心與問候，對方或許先感到驚訝，接著便喜形於色，說不定這一問候，即是你倆友誼的開端，能讓你們成爲無話不談的好朋友。這比令人生厭的指導命令性話語好得多。

為什麼吃虧的總是9號

生活中，最難說的字就是「不」，尤其對很容易就受到他人情感影響的調停者來說，說「不」是相當困難的事情。在9號看來，對他人說「不」，就如同自己遭到拒絕一樣難受。他們更願意對他人點頭，同意他人的觀點，而不是公開表達自己的怒火，因為他們害怕發怒會導致決裂。

但是不懂得拒絕，對方便可能得寸進尺。如此一來，原本屬於你的時間、精力、金錢，恐怕會被他全部奪去，屆時再後悔已於事無補了。

某教師分配到某中學工作，適逢教育局函令該校推派教師，對全市的中學實地考察，寫出調查報告。這位教師還沒有安排授課，卻被學校指派做報告。起初他感到為難，畢竟自己剛出校門，不僅對本市教學情況不熟悉，實務經驗也不足。他本不想參加，無奈校長已經開口，實在不好拒絕，只好勉強服從。

一個半月過去了，別人都按分工交了調查報告，唯有他，由於不諳世故又缺乏經驗，對自己負責調查的三個中學，連情況都沒個底，更不用說分析了。督學為此很惱火，責備校長怎麼派個菜鳥充數。教師又是生氣又是羞愧，一下子病倒了，在床上躺了兩個星期。

這位教師當初由於不好意思拒絕，或者害怕會讓上司不高興而勉強接受，他的處境我們可以想像。所以無論做什麼，都要量力而爲，遇到自己感到難以做到的事，要鼓起勇氣說：「對不起，我實在無能爲力，您是否可以另找別人？」或者說：「實在抱歉，我能力有限，只能讓您失望了。我想，如果我硬撐著答應，將來誤了事，那更是對不起您！」否則，將來丟臉的人肯定是你。

也許你會質疑，拒絕別人說來容易，實際要做的時候卻很難。的確，拒絕別人的要求是件不容易的事，特別是當別人央求你，你又不得不拒絕的話，更是叫人頭痛。因爲每個人都有自尊心，都希望得到別人的重視，也不希望別人不愉快，因而也就難以說出拒絕的話了。不過，當你經過深思熟慮，知道答應對方的要求，將會給你或他帶來傷害時，就應該果斷拒絕，千萬不要爲了面子，做出違心的事，結果對雙方都沒有好處。

對於別人的請求，你可以用一種肯定的表達方式：「我考慮一下，很快就會給你答覆。」這時，你就需要評估，這件事自己能不能辦得到、辦得好。把自己的能力與事情的難易程度以及客觀條件結合起來，統籌考慮，再做決定。

三思而後行，讓自己有充分的時間，做出正確的決策。在你未準備妥當之前，不要立即答覆「不」或「好」。

趣味專欄

儲存人脈勝過儲備黃金

誰都不是單獨生活在社會中的個體，我們與他人形成各式各樣的關係，例如：父子關係、朋友關係、夫妻關係；在工作中，我們也要處理同事之間的關係，上級和下屬之間的關係。在處理這些關係的過程中，我們會形成自己的關係網，這就是我們的人脈。

有的人認爲，自己的能力強、夠獨立，不需要仰賴人脈，這樣的想法是錯誤的。只依靠個人的力量取得成功的人，一定會付出超乎常人的代價。

有的人認爲，自己已經積累了很多財富，無論精神上還是物質上都十分富足了，不需要再考慮人脈的問題，這樣的想法也是不對的。世界每天都在變化，你不可能每天都生活在獨居的小屋裡，不與外界接觸，即使你沒有什麼需要求助於別人，但你還有父母、親戚、朋友、子女，你不能保證他們也不需要你爲他們做任何事情。

財富固然重要，可是，儲備黃金遠遠不及儲存人脈來得重要。黃金是不可再生資源，花掉了，用完了，也就消失了，但是人脈不一樣。你可以利用它，創造更多的價值。有了人脈，你可能會有更大的發展，你的人生也會因爲認識了越來越多的人而變得更加廣闊。

每個人身上都有優點，如果你善於將身邊每一個人的優勢，都集中用在自己身上，那麼你的力量將是無窮的。可是，很多人並沒有意識到這一點，他們緊緊地鎖住自己，爲的是能夠全神貫注地拼搏。他們不知道，當他們集中精神，只守著自己的那一小塊田地的時，已經失去了由人脈構建起來的更爲廣闊的沃土。

有個名叫萊恩的加拿大女孩，她的爸爸是當地有名的富翁。她大學畢業以後，一直想自己開店創業，可能因爲年輕，沒有什麼經驗，一開始遇到很多難題。這個時候，她想到運用爸爸的社交網，從爸爸的朋友那裡尋求幫助，那些長輩看在她爸爸的面子上，給了她很多幫助，終於讓她商界站穩了腳跟，事業做得越來越大。

由此可見，若想成功，就必須有別人的支撐。任何一個只想靠自己獲得發展的人，會承受更大的壓力，遭受更多的苦。

一個人的力量是十分有限的，許多問題往往不是一個人能夠獨自解決的。當問題無法解決而陷入僵局時，就必須向能爲你指點迷津的人請益，請他們幫助你、給你建議，以便順利解決問題。所以，從現在開始，儲備你的人脈吧！若干年以後你就會發現，這些人脈爲你的人生所創造的價值，已經遠遠超過了儲備黃金所創造出來的。

Part 11

九型工作坊

激勵員工，是用鮮花和讚美好？還是設置獎懲制度？個人生涯規劃，究竟適合做行政？還是做銷售？面對職場上的諸多選擇、辦公室中的你來我往，在職場岔路口，到底向左走？還是向右走？九型人格將是自我省察和生涯規劃時的輔助工具。

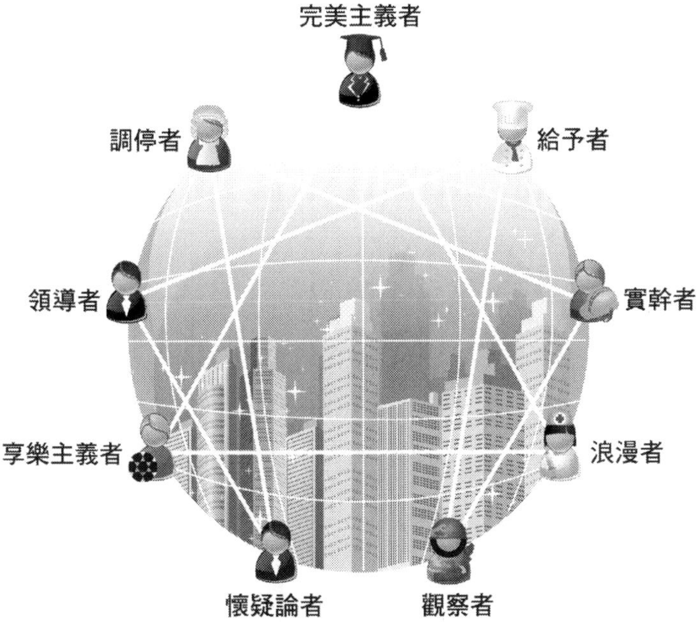

完美型上司為下屬制定哪些規矩

「沒有規矩，不成方圓。一個有紀律的團隊，必定是一個團結合作、富有戰鬥力和進取心的團隊，如果其中一個人無視紀律，不但會毀掉整個團隊的戰鬥力，也會毀掉他自己的前途。」1號上司是這麼說的，也是如此貫徹的。

一位1號企業家，自公司創立起，就非常強調紀律，凡事都有明文規定。每天上班時間從早上八點整開始，八點五分以後才打卡就被視為遲到，請假之外，還得交報告。即使你前一天晚上加班到半夜，隔天上班時間仍是上午八點。也許作為員工的你，認為這樣的老闆太苛刻、不通人情，但全球許多頂尖企業，有不少都奉紀律為圭臬。嚴格的紀律彰顯了領導者的完美主義。

一般說來，在完美型上司眼中，員工紀律主要涉及以下基本內容：

1.品行操守

員工為人處世的基本原則，像是忠誠、誠信、友善等，是企業體對所屬人員的基本人格要求。

2.工作態度

不管從事什麼工作，態度決定成敗。工作是否勤奮、是否認眞、是否合乎規範、是否負責，皆是衡量的標準。

3.工作品質

工作品質是基本要求，一個優秀的員工要善於學習、敢於創新，有所追求、有所奉獻，同時愛護環境、注重安全。這都應納入紀律與考評中。

4.團隊合作

企業員工應具備團隊精神，能平等相待、真誠溝通、公平競爭、顧全大局。

5.儀表舉止

儀表、行爲舉止、語言談吐、待人接物等，皆有所規範、要求。

為什麼上司喜歡給予者的意見

快樂的2號，是辦公室的財富，是上司的左右手。他們不但能出色地完成任務，還能夠設身處地爲公司、爲上司著想，時常提供建設性的意見。

當他們提建議時，會顧慮上司的面子，委婉地說出自己的想法。例如：「主任說得對，在××方面，我們的確應當重視並加以改善，這是解決問題的前提之一。我認爲，除此之外，我們也應當……。」一般來說，給予者會抓住上司意見中的某一處他所認同的地方，表達認同與肯定，然後再提出相反的意見。因爲他肯定上司的某一作爲，就已打開進入上司大腦意見庫的大門。

另外，給予者認爲，向上司提出意見時，應該注意以下問題：

1.切忌抱著改變對方主意的心情和他爭論。不要試圖「贏」得這場爭吵，只要陳述自己的觀點就可以了，更不能讓人感到你在說教。

2.切忌強調差異，應該強調共同之處。任何協商，必然都有某些雙方皆同意的部分，應加以強調，凝聚共識；如果過分強調分歧的意見，必然使對方不服。

3.切忌以表達不同見解，來證明自己高人一等。

4.切忌不去瞭解對方的意見。在你表達否定之前，必須先瞭解對方的立場，以求沒有誤解對方的意思。不過在未釐清之前，切忌預設意見已有分歧。

5.切忌當著眾人的面，提出使對方感到爲難或難堪的意見。

6.切忌態度強硬。應保持愉快的態度，不要表露出憤怒、不耐煩的情緒。聲音要保持溫和、愉快，避免打斷對方的講話，不要有皺眉、搖頭等動作。

7.切忌吹毛求疵。在表達意見的時候要具有選擇性，如果在一切事情上都挑剔，人們很快就不願聽你的了。

8.切忌貶低別人。不僅在提建議時，任何時候都不要貶低別人。

3號豎起耳朵，聽聽下屬想說什麼

一旦目標確立，在前進的過程中，3號實幹者難以接受變動或批評意見。他們給團隊傳達的指令是：「Just do it!」（只管去做）

國際著名管理大師彼得．杜拉克認為，領導的首要能力，就是虛心傾聽下屬的意見。作為領導，虛心傾聽是對下屬表示尊重的行為，也具有激勵員工的效果。當下屬向上司陳述自己的意見時，至少已經說明他們願意溝通，希望能做一些事情，並且能獲得支持、幫助或鼓勵。若是置若罔聞，很容易就被解讀為不重視或不在乎，因而失去下屬的信任，或導致失去發展企業的大好機遇。

本田宗一郎的經歷，充分說明了傾聽的重要性：

一次，一位名叫羅伯特的技術專員來找本田，當時本田正在休息。興奮莫名的羅伯特，把花費了一年心血設計出來的新車型拿給本田看：「總經理，您看，這個車型太棒了！上市後絕對會受到消費者的青睞……」羅伯特發現本田似乎沒有聽他講話，於是他收起設計圖紙，轉身離去。閉目養神的本田覺得不對勁，急忙抬起頭，叫了聲「羅伯特」，可是他頭也沒回地走出了總經理辦公室。第二天，本田為了說明昨天的事情，親自邀請羅伯特喝茶。會面時，羅伯特直截了當地說：「總經理，我已經買了返回美國的機票，謝謝您這兩年的關照。」「啊？這是為什麼？」本田非常吃驚。

羅伯特坦言相告：「我離開的原因是您自始至終都沒有聽我講話。我展示設計稿，介紹這個完美的車型設計，並分析上市後的前景。我以它爲榮，但是您當時沒有任何反應，還低頭閉目養神，我很挫敗，難以接受！」最後，羅伯特帶著自己的設計，跳槽到本田的競爭對手——福特汽車公司，受到關注與支持，新車款甫上市便大受歡迎，重創前東家。

本田宗一郎因著一次疏忽，失去優秀的技術專員，讓自己的公司蒙受重大損失。所以，3號必須關注下屬的感受，不要總是從自己的角度思考問題。不能虛心而誠摯地傾聽，會使下屬懷疑自己是否受重視。3號必須謹記：最有價值的人，不一定是最能說的人。老天給我們兩隻耳朵、一張嘴巴，本來就是讓我們多聽少說的。善於傾聽，是成功領導者最基本的配備。

浪漫型人格如何走出職場潛規則

職場如同競技場，所有人都在「八仙過海，各顯神通」，力爭上游。在這個充滿競爭的環境中，浪漫者的表現和3號人格者很像。只是3號競爭的目的，是希望成爲的冠軍，而4號是爲了凸顯自己與眾不同。

於是，當浪漫主義者想要證明自己的能力時，他們表現得幹勁十足，充滿競爭力。有時他們自認爲工作頗得老闆的好評，在同事中人緣也不差，但每每遇到升遷機會，卻總是錯過，那麼幾乎可以肯定，他們一定是在競爭中出了問題。

職場有職場的潛規則，如果4號想平步青雲，一定要遵守以下的規則：

1.在與同事競爭的時候，一方面要君子之爭，另一方面要學會自制，不要太過顯露鋒芒，否則便會成爲眾矢之的。

2.避免孤芳自賞。無論自己多麼有才幹、多麼自信，也絕不能使自己成爲一座孤島。如果不能與大多數同事打成一片，你越是有才華，就越容易受到壓制，對你意見多的同事也就越多。

3.盡力而爲，量力而行。競爭對手總是隨時準備指出你的錯誤，你必須提高警惕，凡事盡力而爲，量力而行，切不可操之過急，一味貪功、冒進。

4.不露鋒芒。在與同事的交往中，聰明人都會留一手。留一手並不是說不眞心待人，而是保護自身的一種手段。「最危險的敵人，往往是最好的朋友」，因爲他對你太瞭解了，一攻即破。

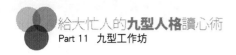

什麼話題會讓5號生氣

5號觀察者很關注自己的私人空間，一旦別人企圖挖掘他們的隱私，特別是涉及情感問題，他們就會變得很嚴肅。

高先生參加同事的婚禮時，和5號人格者坐在一起。5號人格者是畫家，藝術造詣頗高。兩人相互自我介紹、禮貌寒暄，高先生突然問：「×××，聽說從事藝術創作的人，像那些畫家、作家、音樂家都比較風流，在情場很吃得開，是真的嗎？」

5號人格者看了他一眼，沒有回答。

見5號人格者沒反應，高先生又接著問道：「×××，你有情人嗎？」

這時，5號人格者端著酒杯的手放了下來，瞪了他一眼，不發一語，心中卻直嘀咕：這個人怎麼這樣？

白目的高先生，絲毫沒有查覺對方的表情有異，仍邊吃邊說：「以你的才華，想必女人都自動送上門來，應接不暇。」

「你還有完沒完？簡直無聊透頂！」5號人格者說完，站起來轉身離開。

假如高先生聊天的對象，不是有修養的5號人格者，而是其他類型的人，高先生的提問不僅會招致對方反感，更可能引起衝突，招惹麻煩。

所以，與5號人格者打交道，要注意：涉及個人隱私，特別是私人情感的話題，避免作爲談話主題，否則就會發生不愉快的事。

特別是在辦公室裡，同事每日相處的時間最長，談話可能涉及工作以外的各種事情。如果掌握不好分寸，就有可能製造不快。因此，有關個人隱私的話題，能免則免，如個人情感、收入，離開前一份工作的原因……。

辦公室不是互訴心事的場所，也不是八卦電臺。聰明的你應該懂得，該說的就直言不諱，不該說的就守口如瓶，特別是那涉及個人情感和隱私的事情。

效率低的根本原因是什麼

「我懷疑，那樣做是否有效？」

「聽起來很冒險，我要等等看情勢如何發展。」

「是的，但是……」

「如果這樣做，出錯了該怎麼辦？」

……

這些都是懷疑論者經常對自己說的話。

懷疑論者總是以懷疑的目光，看待周圍的一切。他們可能有很好的想法，但在付諸行動時，其思想慢慢取代行動，因爲他們的注意力，漸漸從發想時的自信肯定，轉移到對這個想法的質疑上。他們會擔心有些人不同意這個想法，並站在反對者的角度提出質疑。

由於懷疑論者在思想上，對自己的想法總是抱著質疑的態度，致使他們邁向成功的步伐斷斷續續。在工作中，他們總會留下一些沒有完成的任務。

有位學者，耗了三年，沒寫出一篇論文，總是寫了改，改了寫，如此反覆不下二十次，中間還替換過幾次題目。「每一個論文題目，都像一個沒有答案的問題。」學者總是站在反方的立場，駁倒自己的論點，並發出上述感慨。

最嚴重的一次，學者進行「模擬」。他站在窗前，開始闡述自己的論點，但總能找到十幾個角度來質疑它，然後又不得不從頭再來，因爲他相信，其他學者一定也會這樣駁倒他的論點。

這位學者認爲，必須弄清楚其他人的想法，瞭解所有潛在的反對理由，然後才能開始寫自己的論文。在他看來，對論文的質疑，就好像是合理的資訊搜集，是必要的準備，而不是延誤工作。但對其他人來說，懷疑論者在行動上的猶豫不決，不僅是拖延的表現，也是沒有能力的表現。

現代社會，職場如戰場，時間就是金錢，你的一點點拖延，可能會耽誤整個專案的進度，喪失展現自我能力的機會，功虧一簣——拖延是人們成功路上的絆腳石。

既然如此，懷疑論者如何才能克服拖延、即知即行呢？首先，及時的心理暗示，提醒自己要果斷，做了就不後悔，後悔就不做。其次，堅信自己的選擇是正確的。俗話說：「仁者見仁，智者見智」，別人的想法不見得比自己高明。最後，行事時考慮要周全，但不是瞻前顧後、畏首畏尾。

不要有太多顧慮，即使錯了，也可以從錯誤中吸取教訓，怕什麼？沒有失敗，哪來成功？

德國作家歌德說：「我讓旁人去嘀咕，埋首於自己認爲有益的事。我巡視了自己領域中的事，認清了我的目標。」努力培養自己果斷、不拖延的習慣，有助於提高效率並完成工作，增加競爭獲勝的籌碼。

為什麼7號是辦公室的寵兒

7號喜歡與他人分享、合作，他們不在乎主管說了什麼，只希望聽到同事說：「你眞好」、「你太棒了」。由於他們樂於分享，因此他們常常是辦公室裡最受歡迎的人。

老王是典型的享樂主義者。他學歷不高，薪水也不是很高，他最大的特點就是喜歡分享。例如，太太生產，他一大早就衝到公司報喜：「我當爸爸了！」每個月發績效獎金，雖然他拿的比別人少，但是他總會買些零食回來：「來來來，發獎金了，我請客。」清潔自己的座位，總不忘幫外出的同事順手收拾乾淨。別人有什麼困難，只要是他能幫得上的，二話不說，馬上過去幫忙。在老王的帶動下，辦公室氣氛和諧，感情融洽，下班後經常一起出去玩，而不是像其他部門那樣，各回各家。在這樣的環境下，大家的工作效率自然提高很多。

懂得分享，是划算的投資。當我們摒棄自私、爲別人付出的時候，其實也是在幫助自己。畢竟，在這個講求合作的社會裡，各司其職之外，更要互助互信，才能發揮團體最大效益。許多時候，與人分享自己擁有的，我們更能找到自己的位置和方向。

職場中，只有讓自己的才華、熱情融入整個團隊，學會與別人分享、合作，才能實現工作上的「雙贏」，收到「一加一大於二」的效果。

權威與威信的最大不同何在

在九型人格中，最易怒的是8號。通常，8號喜歡發號施令，當遇到反對的聲音，就會容易變得暴躁易怒，他們習慣將權力（即權威）等同於威信（影響力）。曾有智者說過，人性中最大的兩個弱點是憤怒與欲望。在所有的負面情緒中，憤怒是最激烈的一種，也是影響最大的一種。憤怒的情緒除了會傷害他人外，更多的反作用力會指向自己。

一九四三年，二戰著名將領巴頓於戰後赴醫院探訪，見一名士兵蹲在放在地上的箱子上，顯然沒有受傷。巴頓問他為什麼住院，他回答說：「我覺得受不了了。」醫生說明士兵得了「急躁型中度精神病」，已是第三次住院。巴頓聽罷大動肝火，痛毆該名士兵，大吼道：「我絕不允許這樣的膽小鬼躲藏在這裡，他的行為已經損壞了我們的聲譽！」第二次來，又見一名未受傷的士兵住在醫院裡，頓時變臉，問：「什麼病？」士兵哆嗦著答道：「我有精神病，能聽到炮彈飛過，但聽不到它爆炸。」巴頓勃然大怒，罵道：「你是個膽小鬼！」接著賞他耳光：「你是軍人的恥辱，你要馬上回去參加戰鬥，但這太便宜你了，你應該被槍斃！」說著拔出手槍在他眼前揮舞……巴頓的行為傳到艾森豪耳中，艾森豪說：「看來巴頓已經達到頂峰了……」。

狂躁易怒的性格，使前途無量的巴頓就此斷送前程。面對有心理障礙的士兵，他無法同理心加以了解情況，反而視其爲懦弱，出手教訓，完全失去了一個指揮官應有的風度修養，破壞了自己在人們心目中的形象，因此失去了晉升的機會。遺憾之餘，讓人想起了一句話：「性格決定命運。」

權威與威信的最大不同在於，前者要依靠權力的實行，來保證事情的進行，所以被命令者常常會感到不被尊重，心不甘、情不願；威信的實行則驅動自人的內心情感，你可能手中沒有權力，但是你一樣可以號令天下，這種讓人心甘情願服從的影響力，正是權威者所沒有的。

九型人格中，8號以其卓越的領導力與遠見卓識，成爲團體的核心人物，也正因如此，8號習於用命令的口吻，指使別人替他做事，儘管這可能是他分內之事，他也不會客氣，彷彿理所應當。這種性格帶進管理或人際往來中，久而久之，容易造成怨聲載道、眾叛親離。

對於8號這樣的天生領袖來說，他們又很容易自負，看不清自己的毛病所在。一旦能夠自省，明白「權威不代表威信」的道理，那麼他們將成爲備受愛戴的領袖。

為什麼忙忙碌碌卻沒業績

在一家大公司工作的小文，下班回家後向家人訴苦，說自己每天從早忙到晚，一會被叫去開會，一會要接待客戶，忙得暈頭轉向。一起進公司的同學兼同事小李，雖然和自己做著同樣的工作，看起來卻總是從容不迫的樣子。更讓小文心理不平衡的是，月底工作量一統計出來，自己還不如小李高。

職場中的9號人格者，無論是主管還是員工，都有和小文類似的感覺：每天忙忙碌碌，卻總是勞而無功；感覺自己付出了很多，但總是不能獲得老闆的滿意；沒有一刻空閒，到總結時，卻說不出自己做出的成績。

9號就是這樣，做事時，分不清哪些是當務之急，哪些可稍後處理。結果東做一下，西忙一會，到頭來，重要的事未解決，卻被一些小事所累。

如何提高做事效率呢？九型人格專家認爲，9號必須學會安排事務處理的優先次序，培養好的工作習慣：

1.每天都以計畫開始

每天上班前，花十五分鐘列出任務清單。有了清單，就能清楚地掌握哪些工作是今天必須完成的，哪些工作是本週內要完成的，哪些是長遠的目標。這樣就能精確地找到需要優先處理的問題，從而避免被那些不重要的事情分散精力。

2.分派任務

列出任務清單後，便可以評估，哪些任務可以分派給其他成員即早交付，讓大家能盡早預備、安排，如果任務分派得晚，可能會打亂其他人的計畫。

3.控制干擾

不要讓突來的電子郵件、電話和會議，打亂自己的工作進度。爲控制干擾，可以每隔幾個小時，而不是每隔十分鐘，查看一次電子郵件，將電話轉爲語音接聽，只回覆急電。

4.早開工早離開

長期加班可能會引發惡性循環——工作到很晚，通常隔天進公司也晚，然後又導致要工作到很晚，如此循環。早點開始工作，能夠使你每天有完成計畫的時間，從而提高工作效率。

5.不在工作時間處理私事

鎖碎拉雜的個人事務，也會影響工作效率，蠶食工作時間。如果你將很多時間用於與工作無關的事情，那麼加班就不可避免了。

趣味專欄

對於九型人格的激勵機制

根據美國心理學家馬斯洛的需求層次理論，人的需求包括：

1.生理的需求。如衣、食、住、行。
2.安全的需求。如保障人身安全，經濟與生活穩定。
3.社交的需求。如友誼、愛情、隸屬關係。
4.被尊重的需求。如自尊（有實力、有成就、能勝任、有信心、獨立、自由）、受人尊重（有威望、被賞識、受到重視和高度評價）。
5.自我實現的需求。其特徵是自發性的，集中處理問題，自立的，有不斷的新鮮感、幽默感、濃厚興趣，不受束縛的想像力，反潮流精神，創造力，講民主的性格。

雖然每個人都有以上五個層次的需求，但是在某一階段上，人的多種需求是並存的，但往往其中一種需求居於主導地位。不同時期，需求結構也會變動，大致是逐步從低到高、從外部向內部滿足。

根據九型人格的理論，每種人格對於每一種需求有所側重。例如，3號和8號對於尊重的需求尤其強烈；6號對安全的需求最爲看重；2號和9號更偏向於社交的需求；1號、4號、5

號、7號更看重自我的實現。

管理者應該根據團隊中每種性格的人不同的需求，給予相應的激勵，他看中什麼，你就給他什麼，這樣才能達到事半功倍的效果。

1.信任激勵法

信任激勵是一種基本激勵方式。上下級之間的相互理解和信任，能構成強大的支持力量，有助於共事同仁間的和諧共振，有助於團隊精神和凝聚力的形成。

管理者對下屬的信任，表現在平等對待尊重下屬的工作、職權和意見上。這種信任建立在「用人不疑，疑人不用」的基礎上，對於特立獨行的4號和追求自由的7號，都很適用，因爲他們有很多創意，不希望被過度干涉。信任激勵，有助於提高人才的主動積極度和創造力。

2.職務激勵法

3號重視成就，8號想有一番作爲，在團隊中，這兩種類型的人都非常能幹，能夠獨當一面。對於這樣的將帥之才，要適時地委以重任，提拔重用，千萬不能「視而不見」、「置之不理」，否則會打擊「千里馬」的積極性。給龍以深水，而非困於淺灘；給虎以深山，而非逼入平地，使龍虎各盡其能、各展其技，才是正確的激勵之道。對於經過任務檢驗確屬「眞金」者，要及時地給獎賞、升等，帶入競爭和激勵機制，形成「優秀者有成就感，平庸者有壓力感，不稱職者有危機感」的良性循環。

3.知識激勵法

5號愛智慧，他們最得意的地方，就是自己比別人想得更多，懂得更多；同時，他們最恐懼的地方，就是擔心自己無知，不能及時更新自己的知識體系。

對於這樣愛求知的成員，激勵法顯然很合他們的口味。爲他們提供一些學習、深造的機會，對他們來說比「眞金白銀」更有吸引力。爲了爭取這種充電的機會，他們一定會賣命地工作。

4.情感激勵法

2號、6號和9號對情感非常看重，很多時候，他們工作的動力來自情感。別人的感謝、鼓勵以及周圍環境的和諧，都能讓他們在工作的時候更有勁頭。對於這樣的成員，應該多採取正面鼓勵的方式，用情感的力量，調動他們內在的能量。對於關注環境和諧與否的9號，應儘量營造出相互信任、相互關心、相互體諒、相互支持、互敬互愛、團結融洽的氛圍，以切實培養共識和合作精神，增強對團體的歸屬感。

5.目標激勵法

3號是以目標爲導向的一類人，而8號面臨強大的挑戰，也往往會激發他們內在的鬥志，採取積極的行動。對於1號和5號來說，明確的目標也更利於他們展開行動。所以，對這幾種類型的團隊成員，目標激勵是能夠啓動他們奮發向上的動力，爲團隊創造更大的價值。

6.榮譽激勵法

人人都具有自我肯定、爭取榮譽的需要。而對榮譽最執著的要屬3號。對他們來說，榮譽能證明他們的價值。因此，對聰明、能幹、雷厲風行的3號，多給予表揚和肯定，讓他們在團隊中充分享受到鮮花和掌聲，將促使他們更努力投入工作。

需要提醒的是，這種方法對於警惕性高的6號要慎重使用，務實、警覺的個性，會讓他們誤解精神激勵法，反而懷疑這別有用心。

Part 12

九型談判術

談判的目的在於「雙贏」，但很多談判並沒有達到預期的結果。原因固然有很多，但談判技巧不到位，是最普遍的問題。九型人格幫助你提高有效運用談判技巧的能力，運用不同的方式與客戶互動，建立有效而持久的客戶關係，提升業績。

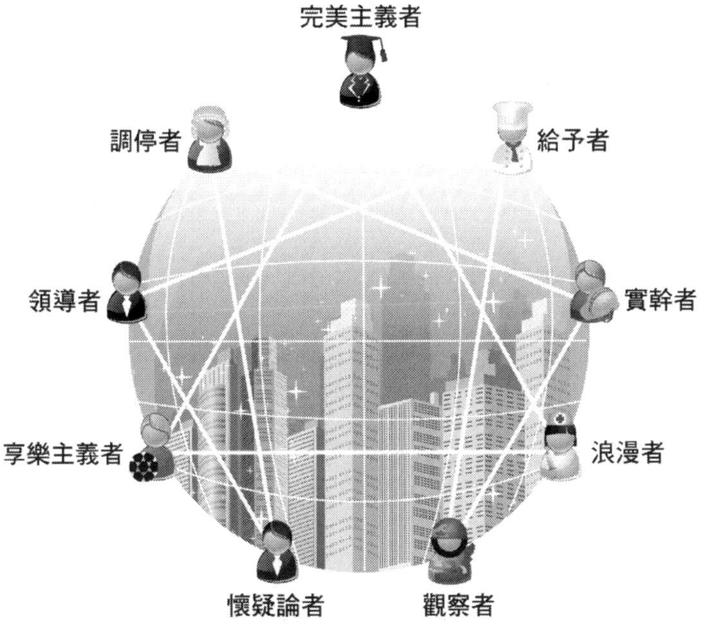

與1號談判有哪些應對策略

有過多年談判經驗的人認爲，和完美主義者打交道，是件耗時耗力的苦差事。這類人的特點是，準備工作做得完美無缺，他們直截了當地表明他們希望做成的交易、準確地列出交易的形式、詳細規定談判中的項目，然後準備一份涉及所有項目的報價表，內容和報價都非常詳盡。完美主義者不太容易讓步或妥協，討價還價的空間有限。可以說，他們是談判桌上最難對付的對手。

常言道：「天下無難事，只怕有心人。」與1號打交道的最好辦法，就是先做足功課，而且比對方還精細，應該在其報價之前即進行摸底，闡明自己的立場，儘量提出對方沒想到的細節。

針對1號人格者，可以採用以下應對策略：

1.當對方採取極端立場威脅你時，可以請他說明，爲什麼提出這樣極端的要求，可以說：「爲了讓我更知道如何接受你的要求，我需要一點時間了解你爲什麼會這樣想，可以提供多一點訊息嗎？」

2.沉默是金。這是最有力的策略之一，尤其在談判僵持不下的情況下，不妨這樣說：「我想現在不適合談判，我們都需要冷靜一下。」

3.改變話題。在對方提出極端要求時，最好假裝沒聽到，或聽不懂他的要求，然後將話題轉往別處。

4.不要過分防禦，否則就等於落入對方要你認錯的圈套。在聽完批評後，從容不迫地說：「那請問你建議我們該如何改進呢？」

5.避免站在自己的立場上辯解，應多問問題。只有問問題，才能避免對方進一步的攻擊。儘量問「什麼」，而避免問「爲什麼」。問「什麼」時，答案多半是事實；問「爲什麼」時，答案多半是意見，容易有情緒。

2號最擅長的談判技巧是什麼

投其所好，是商務談判中經常運用的策略。在九型人格中，2號給予者最擅長此招，這可能與其具有「猜測他人需要」的性格傾向有關。

所謂投其所好，也就是說在談判中，必須探明對方的愛好，主動去迎合，先從心理上接近，以得到對方的信任或賞識，這樣較容易讓對方同意我方的觀點和要求，從而實現談判目標。

但投其所好的技巧不容易掌握，像是不適合主動挑起話題，而是需要暗示，因爲不經意地發現彼此興趣愛好一致，更自然、眞實。如果主動挑起話題，往往達不到效果。例如，你的談判對象喜歡寫詩，若是主動與之大談特談寫詩，可能招來白眼，因爲這方面他是專家，你所說的，在他聽來，一句都不到位。如果你無意中表示出興趣來，讓他來暢言，因著這美好的交集，你們就會很迅速地融洽起來。不經意地表現出和別人一樣的興趣愛好，會讓別人主動趨近自己。

除此之外，談判中，運用投其所好策略的具體方式還有很多，例如，爲談判對手準備美好的、令人難忘的款待，恰到好處地略施小恩小惠，贈送適當的禮品，陪同觀光旅遊等等。

要投其所好，最關鍵的一點，是深入觀察到對方眞正的興趣愛好，自己也得花心思準備、研究，溝通時，不經意地流露出你也有同樣的愛好。

如何讓3號覺得自己是行家

如果你的談判對象是3號，那麼談判時就要多給他戴高帽，把他當做內行人來尊敬，這樣會使他感到受禮遇，有助於談判的順利進行。

怎樣給他戴高帽呢？

假設，3號是電腦公司的經理，你可以說：「有關電腦方面的問題，經理是內行，我在這裡只不過是班門弄斧……」換成你在教導3號的局面，則有傷他的自尊心。在這環節上，破壞3號的情緒是沒有必要的。

如果你想把3號再抬得高一點，就應當對你的同伴說：「你是外行，根本不懂，對於經理來說，這些只不過是基本常識。」這麼一來，氣氛被烘托起來，就可以提出問題與對方談判了：「我作爲廣告方面的內行，是這樣想的，也希望您給予我們指教。」3號意識到你如此尊重他、抬高他，他也就不會提什麼難題了。

即使對手3號是個外行，硬把他當成專家來對待，他就會不自覺地擺出不懂裝懂的樣子。如此他就會自尊自重，對細節的提問和檢討也變得十分謹慎，以防提出讓人恥笑的問題。這樣就能取得優勢，暢通無阻地展開談判。

浪漫的4號如何營造談判氣氛

談判氣氛，指的是是談判代表間表現出來的態度，它能夠影響談判順利與否，特別是4號浪漫型人格的心理、情緒和感覺，從而引起相應的反應。

4號明白自己很情緒化，深受周圍環境影響，所以，營造積極友好的氣氛，對談判有很大幫助，它可以使你輕鬆上陣，信心百倍，高興而來，滿意而歸。

談判氣氛多數情況下是人爲營造的。4號若希望談判的氣氛是積極的、友好的，那麼首先要給對方一個友好的感覺。

1.恰到好處的寒暄

談談大家都有興趣的話題；點到爲止地談點私人問題；與對方開個玩笑，如果你們認識的話。

2.人可以貌相

打開你的心靈之窗——眼睛；適當的手勢，可以化繁爲簡；全身放鬆，動作自然得體。

3.避免談判開頭的慌張和混亂

寧可站著談判，因爲那樣會更輕鬆、更自由、更靈活；做好充分的準備；凝神、坦然直視對方；輕快入題。

4. 調整、確定合適的語速

談判中切忌滔滔不絕，那會給人慌慌張張的感覺；也不可慢條斯理，倒人胃口；不要讓自己無話可說；你應該在說的過程中，察言觀色，捕捉資訊。

作爲一個談判代表，4號在談判初始階段，有一項非常重要的工作，就是營造洽談的氣氛，它對談判成敗有非常重要的影響。

5號怎樣提高自己當眾說話的能力

5號觀察者平日裡獨處慣了，喜歡沉思，懶於說話，結果一旦上臺演講或與人談判時就發慌，大腦一片空白，說話結結巴巴。但在工作中，難免有需要當眾說話的時候，如果臺上或談判時，不發一言或前言不搭後語，就會使自身形象和講話效果大打折扣。因此，訓練自己當眾講話的能力，是必須培養的一項技能。

5號若想克服自身弱點，從容地當眾講話，不妨參考以下建議。

1.說話前做適當的準備

（1）不要逐字地記憶演講的內容。

（2）要預先將自己的觀點進行彙集整理。

（3）爲確保萬無一失，先在朋友面前試講。

2.說話時，要充分明白自己要說些什麼，高度集中精力，避免說話跑題或讓人不知所云。

3.保持自信，要有讓別人能瞭解你心中想法的勇氣和自信。如果害怕自己的觀點會被人嘲笑，在說話時就很容易出現聲音小、緊張、自卑、吐字不清等怯場的現象。

4.要不斷地練習、練習、再練習。有人曾問英國著名作家蕭伯納，是如何學會當眾演講時，他說：「我是用學會溜冰的方法來做的——我一個勁讓自己出醜，直到我習以爲常。」

6號需掌握哪三種提問方式

懷疑論者很容易對他人和客觀形勢，產生懷疑尤其當這些人和事，在他毫無準備的情況下出現時更是如此。爲保護自己不受傷害，6號很喜歡問對方尖銳的問題，想聽到對方的解釋，消除自己心中的疑慮。

照理說，這種做法無可厚非，每個人都不希望自己處於危險中，但在商務談判時，若不斷地向對方提出質疑，作出咄咄逼人的姿態，會令對方感到難堪，談判也很難成功。

所以，談判中提問，切忌隨意性和威脅性，從措辭到語調，提問前都要仔細考慮。不同對手、不同階段、不同問題，必須不同對待。

提問貴在問得巧，怎樣才能做到這一點呢?選擇恰當的提問形式至關重要。一般說來，談判中的提問形式主要有以下三種：

1. 協商型提問

如果要對方同意你的觀點，應儘量用商量的口吻向對方提問，例如：「你看這樣寫是否妥當?」客氣提問讓人較易接受。即使對方不能接受你的條件，談判的氣氛仍能保持融洽，雙方仍有合作的可能。

2. 限制型提問

限制型提問是一種目的性很強的提問方法。它能幫助提問者獲得較爲理想的回答，減少被提問者說出拒絕的，或提問者不願接受的回答。例如，當對方不感興趣、不關心或猶豫不決時，可以問一些引導性問題：「你想買什麼東西？」「你願意付出多少錢？」「對於我們的消費調查報告有什麼建議？」「對於我們的產品，有什麼不滿意的地方？」提出這些引導性問題後，根據對方的回答找出一些線索，對症下藥，促使買賣成交。

3.婉轉型提問

這種提問是用婉轉的方法和語氣，在適宜的場合向對方發問。這種提問，是在沒有摸清對方虛實的情況下，先虛設一問，投一顆「問路的石子」，既能避免因對方拒絕而出現難堪局面，又能探出對方的虛實，達到提問的目的。例如：「這種產品的功能還不錯吧？你能評價一下嗎？」

為什麼7號又被稱為「唐僧」

天生精力旺盛的7號，總有說不完的話，如果對方不主動喊停，他會一直說下去，說到對方耳朵嗡嗡響。

7號人格者克里蒙．史東說：「身為保險推銷員，起初我試著向每個人推銷。我賴在每一個人面前不走，直到把對方煩得累垮。而我在與他道別時，也已筋疲力盡。」

很顯然，這樣做的效果，不僅對於業績無所助益，久而久之，對自己的推銷能力也不免產生懷疑。

後來，他決定：「不一定要向每一個拜訪的人推銷保險。如果耗的時間超過預訂的長度，就要轉移目標。爲了使別人快樂，我會很快地離開，即使知道如果再磨下去，他很可能會買我的保險。」

這樣做，竟然產生了奇妙的效果：「我的業績大增。有些人本來以爲我會磨下去的，但當我愉快地道別後，他們反而會到另一間辦公室來找我，並且說：『你不能這樣對待我。每一個推銷員都賴著不走，而你居然不再跟我說話就走了。你回來給我辦一份保單。』」

任何人都不喜歡別人喋喋不休地向自己宣傳，試著簡明扼要地向客戶推薦你的產品，留給對方時間好做決定，將可大大提高你的成功率。

西方人說：「與人交談，猶如彈琴弦一樣，當別人感到乏味時，便要把弦按住，使它停止振動、發聲。」每個人都有一塊屬於自己的領地和空間，無論是銷售、與人談判，不要總是在別人耳邊嘮叨不止，這樣會遭人厭煩、厭惡。當7號忍不住喋喋不休時，應該做到下面幾點：

1. 尊重別人，不要總是在別人耳邊不停地嘮叨。
2. 有時沉默比嘮叨更有力。
3. 傾聽能產生意想不到的力量。

怎樣做到與對方利益相通

每個人都在爲維護自己的利益盡最大的努力。深諳此道的8號保護者，擅於利用利益的一致性來辦事。例如，戰國時期，蘇秦就抓住「各國若要保住領土，秦國就是共同的敵人」這一主線，成功說服六國聯合抗秦。相反，如果把對方的利益排除在自己的利益之外，就會影響辦事的效果。

爲客戶服務，如果讓對方覺得他與你有相同的利益，站在同一陣線上，對方就會主動配合、參與，就能收到更好的效果。

那麼，我們怎樣才能做到與對方利益相通呢？

1.經常強調你們可以獲得的共同利益。共同利益的目標，是建立信賴和拉近關係的基礎。有了共同目標和利益，就能凝聚共識，減少衝突。

2.可以常用「我們」一詞來加強夥伴意識。「我們」意味著「你也是其中的一員」，這樣可以強化對方的參與意識，與自己達成某種共識和共鳴。例如，溝通時，說「我們是不是應該這樣做」，比「我認爲應該這樣做」，更能縮短雙方的心理距離，更容易使事情圓滿解決。

利益的相通性、同一性和互補性，是建立在團結一致、同心協力的基礎上的。只有這樣，才能獲得一榮俱榮，避免一損俱損的結果。

避免與顧客發生爭執的訣竅

在各種各樣的談判中，常伴隨一些不利因素，例如，雙方交談時，對方怨天尤人，埋怨產品不好，希望能換品項；或者對服務不滿，提出強烈抗議等等。當發生類似情況時，9號就會採取心平氣和的態度，認眞傾聽對方的不滿，耐心解決問題。愛好和平的9號認爲：交易中，不宜爭辯。因爲有可能越談越離題，給對方造成錯覺。

1.交易是雙方獲益的事，不是你死我活的鬥爭

交易的基本原則，就是互惠互利。

因此，交易過程絕不是雙方立場觀點的爭辯與反駁，而是爲尋求互惠互利，使雙方都有共識接受協定，而進行實事求是的討論與相互合作。即使不斷討價還價、攻防拉鋸，也應爭取討論協商的空間，而不是一味堅持立場。

2.交易中應該顧客至上

任何企業及其經營的商品，都不盡是無可挑剔的，作爲一位推銷人員，又怎麼能要求顧客的一切異議，都必須完全合理呢？解決問題的關鍵，不在於能不能有憑有據地，駁倒對方異議中的不合理因素，而在於牢記「顧客是上帝」的宗旨，由此理解顧客的不滿，瞭解到他們提出異議的合理性和可理解性，從而更加歡迎顧客的批評指教，以改進自己的服務，化解顧客的不滿。

態度決定一切。正因爲9號善於傾聽，不與顧客爭辯，所以，在九型人格中，他們最有潛質，成爲有影響力的推銷員。

趣味專欄

理性看待九型人格

由於九型人格在性格分析上，有著較高的準確性，很多人將它當做「玩弄」他人的工具。例如，有位對九型人格頗有研究的人，在談判時，瞭解對手是1號完美型人格後，故意將談判桌子放歪，桌子上留有水漬，給對手的資料中，也夾雜著錯別字……總之，用一些細枝末節，干擾對手的注意力，結果他在這次談判中輕鬆獲勝。

九型人格是一種實用的性格分析工具，很多人將其神化，認爲它是無所不能、神乎其神的算命工具，但是一位對九型人格頗有研究的資深專家說：「很多愛好者在小有成就後，會開始替人算命，其實九型人格有賴於科學推演，這種準確性不能被濫用，否則只會畫虎不成反類犬。大家要對九型人格有正確的認識。」

Part 13

人格**財富經**

發財致富，是很多人深藏於心的夢想，然而真正成為富翁的人並不多，大多數人依然為了養家糊口終日奔波。其實，富翁與普通人間的分別，只有兩個字——財商。如何消費、理財、創富，是生活中最大的學問。

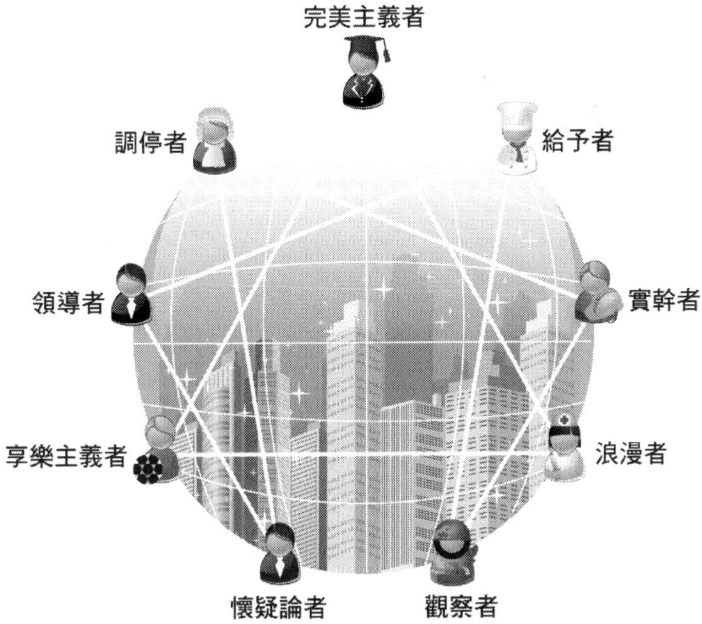

完美主義者適合哪種投資

完美主義者，消費講究實用，用處不大的東西，即使形式再花俏，也難以逃過他們那雙挑剔的眼睛。他們有堅定的目標，討厭變化無常的生活，不願冒風險，因而比較適合購買利息較高、風險較低的國債。因爲國債以國家財政和政府信用作爲擔保，享有「金邊債券」的美稱，非常安全。

許多人都認，爲國債投資根本不需要什麼技巧，買來放著就可以了，其實這種觀念是錯誤的。投資專家們通常將國債投資的策略分爲兩種：

1.消極的投資策略

消極的投資策略，是指投資者在合適的價位買入國債後始終持有，在國家規定的國債兌換期間不做買賣操作。從某種意義上說，這就是所謂的「沒技巧」。

2.積極的投資策略

積極的投資策略，是指根據市場利率及其他因素的變化，判斷國債價格走勢，低價買進、高價賣出，從中賺取買賣差價。

投資國債，採用何種投資策略，端看自己的條件。不太熟悉國債交易的投資者，應以穩健保值爲投資目的，採取消極的投資策略較爲穩妥。熟悉國債市場、希望獲取較大利益的投資者，可以採用積極的投資策略，關鍵是能對市場利率走勢有準確的判斷。

送禮與理財有什麼關係

有人問，送禮和理財能搭上邊嗎？2號肯定地回答說：「能！而且送禮是家庭理財不可或缺的一部分。」逢年過節送人禮物，東西一定要送得合適，不然花了冤枉錢，對方還不喜歡，這理財不就失敗了嗎？

所以，2號在送禮時，最看重的是對方是否合用。對方越需要的東西，對他們而言價值越大。價錢貴不貴，買得值不值得，對他們來說都不是問題。只要能博得對方一笑，他們就心滿意足了。

一位具有2號性格的澳洲企業家，爲他的穆斯林商業夥伴，精心挑選了一項獨特的禮物。他知道虔誠的伊斯蘭教徒每天要祈禱五次，祈禱時，必須朝向伊斯蘭聖城麥加，但在外地在旅行時，很難判斷麥加的方向，便送給他朋友一個純銀製的指南針，裝在一隻便於攜帶的木盒中。可以想像，他的穆斯林朋友收到這份禮物時是多麼開心！

送禮時，贈予對方毫無用處的東西，是一大忌諱。例如，送汽車配件給沒有汽車的人，送酒給一個不喝酒的人，或把跑步機送給腿腳有殘疾的人，這些都是不恰當的。

此外，還要考慮到，受禮者在日常生活中能否用得上這禮品。例如，朋友喬遷之喜，你準備送他一幅很大的裝飾畫，首先應考慮：他家裡擺得下這麼大的畫嗎？

因此，實用性永遠是選擇禮品的重要考量因素。選擇對方喜歡的禮物，將錢花在刀口上，這也就是家庭理財的目的。

命中註定哪型人最先富裕

你怎樣思考，你就會怎樣去行動。你要是強烈渴望致富，你就會調動自己的一切能量去創富；相反，你要是創富的欲望不強烈，一遇到挫折，便會偃旗息鼓，澆熄創富的熱情。

有個人十分貧窮，一個富人可憐他，想幫他致富，便送給他一頭牛，囑咐他好好耕田，春天撒下種子，秋天就可以脫離貧窮。窮人滿懷希望地開始奮鬥。可是沒過幾天，牛要吃草，人要吃飯，日子比過去還艱難。於是他想不如把牛賣了，買幾隻羊，先殺一隻吃，剩下的可以生小羊，長大可以賣更多的錢。

吃了一隻羊之後，小羊遲遲沒有生下來，日子又難過了，窮人忍不住又吃了一隻。他想，這樣下去不行，不如把羊賣了，買些雞，雞生蛋的速度要快些，日子立刻能好轉。

但是日子並沒有改變。沒飯吃時，他又忍不住殺雞，終於殺到只剩一隻雞時，窮人徹底崩潰了，心想，致富是無望了，不如把雞賣了，打壺酒，一醉解千愁。

春天來了，富人送來種子，卻發現窮人醉臥在地上，依然一貧如洗。富人轉身走了，窮人繼續貧窮。

很多人都像故事中的窮人一樣，渴望成功。除了願望，還要付諸行動，去追求渴望獲得的一切。

在九型人格中，3號有強烈的金錢欲，又有腳踏實地的實幹精神。他們幹勁實足，相信想擁有的一切，可以靠自己的奮鬥得到。所以與其他人格者相比，實幹者是最先開創事業、富裕起來的人。

浪漫型人格致富的本錢是什麼

生活中，許多人用勞力賺錢，不少人用技術賺錢，很少人用知識賺錢，極少人用智慧賺錢。在財富時代，只要我們開動腦筋，多想一些金點子，就可以成爲財富的主人。

創意，說起來很難，其實也很簡單，尤其對於極富想像力的4號浪漫主義者來說，他們好像天生就是爲了創意而生。這是他們的優勢，他們的奇思妙想，常讓身邊的人讚不絕口，大爲折服。

空氣，可以製成商品嗎？有位日本商人，將田野、山谷和草地的清新空氣，用現代技術儲製成「空氣罐頭」，然後向久居鬧市、飽受空氣汙染所苦的市民出售。購買者打開空氣罐頭，靠近鼻孔，頓時香氣撲鼻，沁人肺腑，商人因此獲得了高額利潤。

對於水聲，美國商人費涅克，周遊世界，錄下了千百條小溪流、小瀑布和小河的「潺潺水聲」，然後高價出售。

還有人銷售月亮上的土地、星星的命名權等。

擁有創意，就是拓寬思路，不斷創造新點子，以想人之所未想，爲人之所不能爲，從而以新、以奇取勝，用跳脫常規、思維、邏輯之外的想法，贏得成功和收穫！

創意並非4號的專利，任何人都可能發想出很多很好的創意，關鍵是要認識到它的價值，抓住機會，將創意付諸實踐，成爲財富增長的源泉。不要放棄任何一個好的創意，因爲好的創意，就是獲得財富的機會。

觀察者如何避開網上購物的陷阱

5號是最有思考能力、最善於分析和比較的一類人，在消費上也顯得相當理性。5號如果想要買一樣東西，會在最短的時間內，搜集這種商品各方面的資訊，然後決定買哪一款。

這樣的消費習慣，再加上本身沉默內向、拙於辭令、不喜歡社交的性格，所以如今流行的網上購物，正好滿足了5號的消費需求。網店商品不但實惠，還能送貨到府，最重要的是各種資訊透明，方便5號進行比較，挑選到物廉價美的好貨。

儘管這種購物方式，使人們享受到足不出戶、送貨到府的方便，但一些不法分子利用網路購物行騙，也經常讓購物者防不勝防。

1.網拍誘惑

一般的消費者，看到「賣家好評率」和「賣家信用」時，便會放心地把款項匯到對方帳戶。於是，賣家往往會找身邊的好朋友來灌水，在自己的網路商店留言，網站則根據這些點評，生成「賣家的信用等級」。

2.貨品標價

在很多網站都會看到，一些價格上超乎想像的「寶貝」，進去一看，還確實是好產品，再尋思這個「天上掉下來的禮物」的價格，難免會有消費者動心。但實際上，這類商品往往或者品質有問題，或者是無法保修的「水貨」，或者可能就是商家設下的騙局。

3.看圖買貨

看了圖片，引起購買欲望的消費者不占少數，但買了之後，後悔的也不少。實際上，有的網站對照片沒有任何要求，既可以從網上下載，也可以實物拍攝，因此，賣家隨意發布產品圖片資訊，以次充好的情況總會出現。

所以，不管是觀察者還是其他型人格，網購時都應謹慎，以防上當受騙。

不提倡6號節儉的原因是什麼

6號重視儲蓄，消費帶給他們的快樂，遠遠低於看到存摺上數目的增長，所以要打開他們的口袋總是很難，因爲他們花錢時，總會有「心痛的感覺」。

瑞典宜家家居（IKEA）創始人坎普拉德，就是這樣一位6號。坎普拉德至今仍然開著一輛舊車，而且搭乘飛機向來只坐經濟艙，甚至常看到他在當地的宜家特價賣場挑便宜貨。不僅如此，坎普拉德基本不穿西裝，而且總是光顧便宜的餐廳，還會爲買了一條像樣的圍巾、吃了一頓瑞典魚子醬而心疼老半天，他甚至公開宣稱：「我小氣，我自豪。」這種簡樸的作風，無疑是6號的顯著特徵。

雖然說節儉的消費方式好處多多，但是什麼事情都是過猶不及，一旦超過界限，就會走向它的反面。就拿6號的消費來說，如果能夠平衡收入與消費，做到既不奢侈浪費，也不吝嗇，無疑是最好的。研究顯示，過於小氣的人覺得沮喪，是因爲沒有花足夠少的錢，買那些讓他們覺得快樂的東西，過於揮霍的人不開心，則是因爲他們花得太多，多過他們原來想花的金額，而中間的人，則不會產生這種強烈的內心衝突，是感覺最開心、最幸福的。

的確如此，賺了錢也要花，這才能顯示出錢的價值。而且，有時候消費也是一種投資，買一些超值的東西，比不買更划算。如果過於節省，讓生活品質和收入狀況嚴重失衡，反而影響生活。

所以，我們給6號的消費建議是，錢不是省來的，要適度消費，在消費中感受快樂。

探究享樂主義者的致富祕笈

常言道：「不入虎穴，焉得虎子。」想創造機會，卻不想冒風險，那是不可能的。對於喜歡冒險、刺激的7號享樂主義者來說，冒險與收穫常常是結伴而行的，險中有夷，危中有利。要想有卓越的結果，就要敢冒風險。

有人問一位7號人格的資深股票投資專家：「股票會不會跌？」回答是：「很難說！」再問：「什麼時候會上漲？」回答仍是：「很難說！」接著問：「能買哪一支股票？」回答還是：「很難說！」問者說：「你什麼都不確定，就去搞那麼大項目的投資，是不是太冒險了？」他回答：「當你什麼都知道、都弄清楚了的時候，不也正是一切都風平浪靜，一切都已經成爲歷史的時候嗎？我們就是在所有問題都還不確定的情況下進行投資，換取可能的成功啊！」

享樂主義者就是這樣的人：肯動腦筋、敢冒風險；願意付出努力取得成功；以迎接挑戰爲樂趣，但絕不意味著賭博；對於風險不大的事情不屑一顧，因爲不具挑戰性；也不會去冒太大的風險，因爲這會得不償失。

《冒險》一書的作者維斯戈說：「如果生活想過好一點，就必須冒險。不製造機會，自然無法成長。」

「擔心嗎？危險嗎？不確定嗎？這是預料中的事，但為了前進一步，就必須暫時離開安全的處所。每一次的冒險，都無法避免會有所失，如果你一點都不怕，這種冒險根本不是冒險，對你一點也沒有好處——沒有任何冒險是絕對安全的。」

當然，在學習7號冒險的同時，我們還要學會穩妥制訂恰當的計畫，對風險挑戰有所準備。風險是一把雙刃劍，在決定冒險之前，我們一定要考慮機會成本的問題，以便遠離風險，走向成功。沒有機會成本概念的人，往往會因小失大，導致失敗。

為什麼8號喜歡瘋狂購物

過度刺激能夠讓8號領導者對其他感覺的感知減弱，讓一時的快樂取代個人眞實的情感追求。所以，8號不斷尋找刺激，他們借此消除枯燥，得到精神上的愉悅。

最常見的是，他們爲了平衡情緒或緩解壓力去瘋狂購物，在買東西的過程當中感到快樂。一位女8號說：「去大肆採購一番，心情也就好了。」但這並不是宣洩無奈的最佳方式。

事實上，瘋狂購物的人，每次買完東西後，都會感到非常後悔，物品一旦到手，就失去了吸引他們的魅力。長久下來，他們會掉入惡性循環中。除了藉由購物來發洩壓抑的情緒之外，無法再用別的、外在的物質刺激，來塡補內心的空虛。

有瘋狂購物症的8號領導者，往往心理素質比較脆弱，容易緊張和焦慮，每次看到自己買了很多根本用不著的東西後，心情會更加鬱悶。

專家建議：可以用改變購物模式的方法，矯正購物狂熱行爲。

1.消費時不刷卡，改用現金支付，或長期在帳戶卡裡只留小數目的錢，這樣就會有錢被掏出去的感覺。

2.購物前先列清單，規定自己只能買清單上列出的物品，如果實在控制不住購物欲望，就把購買目標放在價格較低的小東西上。

3.採用「改日再來」的延緩方針。在垂青某商品時，先不急於掏錢，而是暗示自己「改天再來吧」。下次來時，由於時過境遷，購物欲望可能下降。

4.獨自一人上街，又有孤獨感受時，常常會經不住賣主的勸說而掏腰包。緩解的有效方法是：對可買可不買的商品，狠狠地殺價，這勢必造成碰壁或討價還價的局面，而且因爲砍價造成的互動，可消弭孤獨感。

5.強化期待心理。對於想買的東西，盡可能地挑剔出它的不足與缺點，這樣你可在懷著對更完美的物品問世的期待中，緩解購物欲望。

6.心裡空虛、壓抑、無聊時，最好的解決方法，是去做些較激烈的運動，而不是去逛街購物。

9號理財消費的弱點何在

9號調停者逛街時，常常是漫無目的地出去，大包小包地回來。9號最不能抵擋的，就是促銷員對他們進行心理攻勢。商品的品質是否上乘？性價比如何？自己目前是否有需要？這些都不在9號的思考範圍內，他們只要看到促銷員那熱情、眞摯的眼神，便對自己說：買了吧，人家挺不容易的。

這世界上所有的促銷員都充滿熱情，如果9號每次都因同情對方而買東西，遲早得爲錢發愁，還是設法告別「同情」心理，建立「獨立自主」的消費觀念吧！

消費之前先問六個W，或許對9號有所幫助。

1.What（買什麼）

從生存的需求來看，柴、米、油、鹽等都是每家每戶的基本生活必需品，屬於非買不可的東西；從享受需求來看，美味可口的高檔食品、做工考究的精美服飾，可根據自己的經濟狀況妥善安排，也不是非買不可；從發展需求來看，音響是否高級，手裡拿的是否是智慧型手機，雖是生活中所需的，但並非必需的。

2.Why（為什麼要買）

添置東西之前，尤其是購買那些價格較高，屬於發展性需求的物品時，最好鄭重地權衡一下，是否必須購置，是否符合家庭成員的共同需求，是否爲家庭的經濟收入和財力狀況所允許。

3.When（什麼時間去買）

購物時，如果你能巧妙地挑對時機下手，同樣會使你豐收滿滿。如在換季大減價的時候購買時裝，就有可能以較低的價格，買到較稱心的衣服。在夏季的時候買冬季的東西，冬季時買夏季的東西，反季購買，往往價格便宜，又能從容地挑選。

4.Where（在什麼地方買）

一般情況下，農產品在產地購買，不僅價格低廉，而且貨真質好；進口貨、舶來品在沿海地區購買，往往比在內地購買花費更少。即使在同一地方的幾家商店內，也有一個「貨比三家不吃虧」的原則。

5.How（以什麼方式去買）

業者百家爭鳴，各商家之間的競爭愈來愈激烈，「空調大戰」、「啤酒大戰」等商戰此起彼伏。賣主爲了清倉脫貨，加快資金流轉，也會使出渾身解數，展開「滿仟送百」、「分期付款零利率」、「以舊換新」、「限時搶購」等促銷活動。

6.Who（什麼人去買）

買生活必需品、副食品及服裝和寢具等，做妻子的往往比丈夫精明；而購買家電、傢俱等耐用消費品，似乎做丈夫的比妻子內行些。

掌握了這六個W，便能把自己的家庭生活安排得較爲舒適、美好。當你和家人漫步在街上，面對商場、超市裡琳琅滿目的商品、光怪陸離的廣告、花樣百出的促銷方式，你便會顯得輕鬆從容，心中有數了。

趣味專欄

一個人保留多少銀行卡最合適

對於「卡卡一族」來說，皮包裡有兩張以上不同銀行間的卡十分普遍，不過，這樣也容易形成個人資金的分散。需要對帳、換卡或掛失時，更要奔波於不同的銀行間，耗費大量的時間和精力。另外，持有太多的卡，白白被扣了年費不算，還增加了自己過度消費及遺失的風險。

那麼，如何整合自己的銀行帳戶，保留多少張卡是合適的呢？

1.讓功能與需求對位

現在的金融卡大多都有多用途，其中包括代收代付服務，主要有代發工資（勞務費）、代收各類公用事業費（如水費、電費、電話費）、代收保費等，由此給持卡人帶來極大的便利。善用金融卡，有助於管理開支，既安全又省時間。

對於功能的需求傾向，決定了你要保留哪些必要的金融卡。而信用卡也是可以善用的資源，因為可以「先消費，後還款」，可作為理財幫手。另外，信用卡會保留詳細的消費記錄，並定期寄送帳單，有助於檢視自己的消費習慣。

2.減肥原則

根據你的實際用卡情況，綜合比較，選擇一張最適合自己的銀行卡。如果經常出國，VISA

信用卡可能是你的首選；如果工作穩定，不需要出國，那麼就申請一張功能多元、服務周到的銀行卡；如果是個成天掛在網上的「宅男/宅女」，不愛出門，習慣一切在網上搞定，那麼一家線上功能豐富的銀行卡，就是爲你量身定做的了。

（1）一卡多用。不少人把手中的購房還貸金融卡，只作爲還貸專卡使用，實際上是資源浪費，其實可以註冊爲線上銀行註冊客戶，買賣基金、炒股炒匯、代繳公用事業費等，出門消費也可以刷卡。無論是投資還是消費，每月還貸日確認卡內有足夠餘額即可。

（2）清理「睡眠卡」。僅用來存取款的銀行卡，沒有留著的必要，只有存取款需求的人，開張活期存摺就可以了，因爲功能單一且活期存摺不收取費用。

給銀行卡來一次徹底的「減肥」，只留兩三張爲自己量身定做的、功能齊備的銀行卡，不但個人資金的管理效率提高了，對銀行卡收費也可泰然處之。

另外，線上刷卡應多留心以下幾點：

1.選擇較知名、信譽好、營運穩定，且與知名金融機構合作的網站，瞭解交易過程的資料，是否有安全加密機制。

2.向你熟悉的或知名的廠商購物，避免因不瞭解廠商而被盜刷或洩漏個資。

3.若用信用卡付款，可先向你的發卡銀行查詢，是否提供盜用免責的保障。

4.保留線上消費的記錄，以備查詢，一旦發現有不明的支出項目，應立即聯絡發卡銀行。

國家圖書館出版品預行編目資料

本性難移：給大忙人的九型人格讀心術／閆晗著.
-- 初版. -- 新北市：華夏出版有限公司, 2023.10
面； 公分. --（Sunny 文庫；296）
ISBN 978-626-7134-96-2（平裝）
1.CST：人格心理學 2.CST：人格特質

173.75 112000870

Sunny 文庫 296
本性難移：給大忙人的九型人格讀心術

著 作 閆晗
印 刷 百通科技股份有限公司
電話：02-86926066 傳真：02-86926016
出 版 華夏出版有限公司
220 新北市板橋區縣民大道 3 段 93 巷 30 弄 25 號 1 樓
電話：02-32343788 傳真：02-22234544
E-mail： pftwsdom@ms7.hinet.net
總 經 銷 貿騰發賣股份有限公司
新北市 235 中和區立德街 136 號 6 樓
電話：02-82275988 傳真：02-82275989
網址：www.namode.com
版 次 2023 年 10 月初版一刷
特 價 新台幣 420 元（缺頁或破損的書，請寄回更換）

ISBN-13： 978-626-7134-96-2